Şu hor... dünyada fil Yalnız bir hayvandır

AHMET ŞERİF İZGÖREN

"İletişim, Başarı ve Hayat Üzerine"

Kişisel Gelişim Serisi 3

ŞU HORTUMLU DÜNYADA FİL YALNIZ BİR HAYVANDIR ©

İletişim, Başarı ve Hayat Üzerine

Kişisel Gelişim Serisi 3

ELMA YAYINEVİ©

t e m s i l c i l i k l e r i m i z

Akdeniz Bölgesi	CDR Eğitim ve Danışmanlık • Cemal Duran • Tel: (242) 242 78 18 cemal@izgorenakin.com
Ege Bölgesi	Nazlı Uluer • Tel: (555) 621 28 53 • nazli@elmayayinevi.com
Antalya	Üniversite Kitabevi • Hakan Kasapoğlu • Tel : (242) 247 51 10 kasapoglu@universitekitabevi.net
Bursa	Alp Dağıtım Kitap Kırtasiye • Orhan Yalçınkılıç • Tel: (224) 223 01 19 orhanalp8@hotmail.com
İzmir	Anadolu Dağıtım • Mevlüt Yıldırım • Tel: (232) 483 05 03 info@anadoludagitim.com
Kayseri	Kıvılcım Kitabevi • Ayhan Çetinkaya • Tel: (352) 231 40 66 kivilcimayhan@hotmail.com
Mersin	Ada Müzik Kitap • Barış Ulusman • Tel: (324) 327 93 56 ulusmans@hotmail.com
Nazilli	Üniversitem Kitabevi • Vahap Ağca • Tel: (256) 315 51 55 universitemkitabevi@hotmail.com
Samsun	Endülüs Kitabevi • Davut Şal • Tel: (362) 435 96 07 enduluskulturmerkezi@hotmail.com
ABD	Zeliha Akça • Tel: 001 6109741807 • zeliha79@yahoo.com
Avustralya	İsmail Haskara • Tel: 0061 249316234 • ismail.haskara@bigpond.com

Her türlü kitap talebinizi temsilciliklerimizden, www.elmayayinevi.com adresimizden, telefon veya faks aracılığıyla yayınevimizden yapabilirsiniz. Kitaplarımızla ilgili görüşlerinizi www.elmayayinevi.com/forum adresindeki forum sayfamızda belirtebilirsiniz.

1. Basım Kasım 2002 • 28. Basım Mayıs 2007

Genel Koordinatör	: Mustafa Baştürk
Editör	: Didem Özyürek, Gaye Dinçel
Düzelti	: Reyhan Tutumlu
Fotoğraf ve Çizimler	: Hakan Kocabaş
Mizanpaj	: Düş Mühendisleri
Kapak Düzeni	: Mustafa Kınık
Yayın Ekibi	: Gül Solak, Hakan Mermicioğlu
Basımevi ve Cilt	: Yenigün Matbaacılık

ISBN: 978-975-6093-13-9

ahmetşerif
izgören

Bir akşam Mehmet Amcamla telefonda konuştuk, evimizi değiştirmemiz gerekiyordu; ancak aklım işle ilgili bazı sorunlara takılmıştı; sesimden hissetmiş olmalı ki:

"Oğlum, ölümlü dünya, önüne üzülecek o kadar çok şey çıkaracaklar ki sakın ufak tefek şeyler için kendini üzme. Sesini hiç böyle durgun duymak istemem." dedi.

Üç gün sonra vefat etti...

Cenazesi için yaşadığı kasabaya, Manisa'nın Demirci ilçesine, memleketimize gittik. Amcam son derece mütevazı geliri olan Bağ-Kur emeklisi bir berberdi. Evinin dış tarafına açtığı ufacık berber dükkânında çalışıyordu. II. Dünya Harbi öncesi dönemlerde ilkokuldayken ağır bir hastalık geçirmiş, okuyamamıştı.

Cenaze günü, o güne kadar hiç bilmediğim şeyler öğrendim. Mahalledeki bütün yaşlıların odunlarını kırıp taşıdığını, kasabanın uzak bir ucunda kötürüm kalan bir insanı beş yıl boyunca düzenli olarak gidip tıraş ettiğini ve bir kuruş para almadığını, dükkânında tıraş olanların yarısından fazlasından maddi durumu iyi değil diye düşünüp hiç ücret almadığını ve bunlar gibi irili ufaklı birçok iyiliğini öğrendim.

Nasıl temiz, dürüst bir insan olduğunu hep bilirdim ama kendisinin hiç anlatamayacağı birçok şeyi gördüm.

Hayatı boyunca ne döviz kuru öğrendi, ne de hisse senetleri. Ne hayalî ihracatlardan, bir fotoğrafla silinen trilyonluk faiz borçlarından, ne ülkenin her yerinde yüzde on komisyonla iş yapıldığından, bakanların "Yediğinizde onun gibi yiyeceksiniz." diye diğer bakanları örnek gösterdiğinden, belediyelerde rüşvetsiz bina ruhsatı alınmadığından, on sene sonra denizlerimizde balık ve temiz kıyımızın kalmayacağından, ülkenin her şeyiyle kirlendiğinden hiç haberi yoktu.

Biz maçlara sevinip balkonlardaki bebekleri vuran, kamyonlarla arabalarla birbirimizi ezen, en ufak bir gerginlikte yumruklaşan, rüşvete, hukuksuzluğa, kötü yönetilmeye göz yuman, bir kiloluk iki tane "bebek" kılıç balığını Kızılay'ın ortasındaki balıkçılarda satan, üzerinde Amerikan sloganlı tişört, elinde tespihle gezen, yazlığındaki bütün kanalizasyonu denize, içindeki tüm hırsı birbirine döken bir millet olmaya başladık.

Ne yazık...

Ben bu kitabı, uzakta bir yerlerde temiz kalmayı başarabilmiş, ülkenin 1920'lerdeki, 1950'lerdeki saflığını, temizliğini ve bakış açısını koruyabilmiş, bu ülkeyi seven o dürüst insanlar adına, Mehmet Amcama ve onun tertemiz eşi, hayattaki en iyi arkadaşı Saime Yengeme ithaf etmeyi istiyorum.

Ya Kebikeç...

Mehmet ve Saime İzgören'e,

Sevgili Amcacığım, kitabın haberi oralara ulaşır mı bilmem; ama en azından yengem ya da ben hangimiz önce gelirsek haberini sana ulaştırırız. İnşallah orada da askerlik hatıralarını anlatmıyorsundur!

Her ikinizin de ellerinden öperim.

"İnsanlar hayalleriyle yaşarlar ve biraz yaşamaya başlayınca tüm hayallerini kaybederler."

Voltaire

ÖNSÖZ

Bu kitabı niye yazdım?

Krashen diye bir Amerikalı dilbilimci, seminerinde İngiltere'de Güzin Abla benzeri bir köşe yazarına giden mektubu anlatmıştı. Mektup şöyleydi:

"Sevgili Kathy,

Biriyle ilişkim var, fakat onunla evlenip evlenmemek konusunda kararsızım. Beni çok kıskanıyor. Birkaç kere şiddet de uyguladı. Kavgacı. Ayrıca bana hiç güveni yok. Bir gün beni eve bıraktıktan iki saat sonra telefon açtı, amacı benim evde olup olmadığımı anlamaktı. Bir sabah onu kapımın önünde uyurken buldum. Ayrıca çok asabi; bu da kararsızlığımı arttırıyor. En ufak bir şeyden parlayabiliyor. Aslında düşünüyorum da beni sevdiğini gösteren hiçbir şey yapmıyor, niye onunla birlikteyim ki? Evet, doğruyu söylemek gerekirse, yanlış kişiyle birlikteyim. Evet, kararımı verdim. Neyse Kathy umarım sen iyisindir!"

Yazmak sadece bildiklerinizi aktarmanızı sağlamaz ayrıca kafanızda uçuşan fikirleri somuta indirirsiniz ve kendiniz de çokça öğrenirsiniz. Ben bu kitabı yazarken çok şey öğrendim, kendimle ilgili ve daha doğru yapmam gerekenlerle ilgili. Hayata daha fazla dokunmamı sağladı bu kitap.

"Hayatın bana öğrettiklerini, dümdüz bir denizin kıyısında bir zeytin ağacının sevgi dolu gölgesinde yan yana ona anlatıyormuş gibi yazdım. Siz de okurken bizim yanımızda oturuyormuş gibi yapın"

İlk defa bir kitabı niçin başladığımı bilmeden, ne hakkında yazdığımı bilmeden, fikirler kafamda uçuşarak yazdım. Çok ilginç bir şey oldu, kitabı bir arkadaşıma öğle arası bir bölümünü okuması için verdim, akşamüstü beni aradı: "Şerif bir bölüm diye başladım, şu anda kitabı bitirdim, öğleden sonraki görüşmelerimi iptal ettim, bu büyülü bir kitap, adını 'Büyülü Kitap' koy." dedi. Çok sevindim.

Peki kitabın adı niye "Şu Hortumlu Dünyada Fil Yalnız Bir Hayvandır"? 1987 yılı Nejat, Oğuz ve Bülü okuldan kıkırdayarak geldiler. Bir çeviri imtihanı... Olay onların okulu Dil Tarih'te mi yoksa, Açık Öğretim imtihanlarında mı olmuş, orasını hatırlamıyorum. Cümle şu: "Elephant is the only animal in the world with a trunk", yani "Fil dünyada hortumu olan tek hayvandır." Öğrencilerden biri bunu "Şu 'hortumlu' dünyada fil yalnız bir hayvandır." diye çevirmiş, yıllarca aklıma geldikçe pıh pıh güldüm.

Sonra bir gün fark ettim ki hepimiz aslında "Şu hortumlu dünyada" birer yalnız canlıyız. "Eh" dedim, "Kitabın adı bu olsun." Durum bu. Nasıl okuyucularsanız, her şeyi de anlatmak zorunda kalıyorum, neyse.

Ben edebiyattan biraz anlıyorum çok da okuyorum, dili de iyi kullandığım söylenebilir, oysa kitapta edebî hiçbir şey görmeyeceksiniz. Nasıl konuşuyorsam öyle yazdım. Kitabı kalabalığa da yazmadım, sadece sanki yanımda en sevdiğim küçük kuzenlerimden birisi ya da biraz büyümüş kızım varmış da; hayatın bana öğrettiklerini, dümdüz bir denizin kıyısında, bir zeytin ağacının sevgi dolu gölgesinde yan yana ona anlatıyormuş gibi yazdım. Siz de okurken bizim yanımızda oturuyormuş gibi yapın, pek de konuşmayın, sadece dinleyin... Kitap bitince ise lütfen konuşun, web sitemden elektronik posta gönderebilirsiniz.

Bu kitapta diğerlerinde yapmadığım bir şey yaptım; kendimle ve hayatımla ilgili örnekler de anlattım ve yaşadıklarımdan bahsettim. Diğer kitaplarımda bunu yapmaktan özellikle kaçındım, bu sefer öyle bir şansım olmadı, çünkü hayatla ilgili düşündüklerinizi anlatırken, kendinizi dışarıda tutarsanız, keçiboynuzu yedirirsiniz insanlara, bal dolu bir sepet bayır inciri[1] yerine. O yüzden diğer kitaplarımın aksine bu kitabın fazla içindeyim.

Bu kitabı niye yazdım?

Birinci nedeni, ailemin geleceğini sağlamak.

---

[1] ABASIYANIK, Sait Faik, "Seçme Hikâyeler", MEB Yayınları, Ankara, 1990. "Bayır inciri" bu kitapta geçen bir terimdir.

Tek beklediğim okuyan sizi, derinden etkilemesi, hayatınızla ilgili önemli değişiklikler yaratması.

İkinci nedeni ise,

etrafımda amaçsız, sevgisiz, yollara bira şişeleri atan insanların çoğaldığını gördüm.

Televizyon ekranlarında, boyalı gazete sütunlarında kandırıldığımızı gördüm.

Bu kitabı niye yazdım?

Okullarda hayatla ilgili gerçek hiçbir şey öğretilmediğini gördüm. Öğretmenlerin ve öğrencilerin ideallerini kaybettiğini, insanların sadece para için yürüyüş yaptıklarını gördüm.

Elimizde yapay Amerikan markalı mısır cipsleriyle arabaların içinde sıkışan yaralı insanları, televizyondan doğallıkla seyredebilmeye başladığımızı gördüm.

Etrafımdaki gençlerin bomboş bilgilerle ve ülkelerine herhangi bir sevgi taşımadan büyüdüklerini gördüm.

Ülkenin adının ticari indirim kampanyalarına alet edildiğini, markaların "Türkiye için seve seve" % 20 indirim yaptıklarını gördüm.

Köprülerden atlayanları, kameraların zevkle çektiğini gördüm. Binanın üstüne çıkmış bir adama aşağıdan "Atla atla" diye tezahürat yapan acımasızlığı gördüm. Hukuksuzluğun, rüşvetin tavana vurduğu bir ülkede, birbirini tokatlayan boyalı, mini etekli, silikonlu göğüsleri ekranı kaplayan kadınları küçük kızımın hayretle seyrettiğini gördüm.

Bu ülkede 400.000 kahvehane, 15.000 meyhane ve 131 kütüphane olduğunu gördüm.

Kişi başına yıllık kitap harcamamızın 3 dolar, Batı'da 500 dolar olduğunu gördüm.

En üzücüsü, Yunanistan'da beş yaşına kadar 1.000 çocuktan 6'sının öldüğünü, Türkiye'de ise 61 çocuğun öldüğünü gördüm.

Öyleyse gördüklerimi yazayım dedim.

Kitabın binlerce satmasını, en çok satanlara girmesini beklemiyorum. Tek beklediğim; okuyan sizi derinden etkilemesi, hayatınızla ilgili önemli değişiklikler yaratması.

"Herkes kendi evinin önünü süpürse sokaklar tertemiz olur." diye bir laf var ya, sakın inanmayın, silin kafanızdan. Eğer bu ülkede kendi evinizin önünü süpürürseniz görevinizi yapmıyorsunuz demektir. Çıkın ve bütün sokağı süpürün, çünkü herkes evinde sokağını ve ülkesini televizyondan izliyor ve çöpünü sokağa atıyor.

İşin acı tarafı televizyondan gösterdikleri sokak sizin gördüğünüz kirli sokaklar değil.

İnin ve sokağı süpürün,

kafanızı kaldırıp size çöp ve laf atanlara bakmadan...

Hayallerinize sıkı sıkı sarılın.

Ahmet Şerif İzgören

14 Mayıs 2002

Mağusa - Kıbrıs

İÇİNDEKİLER

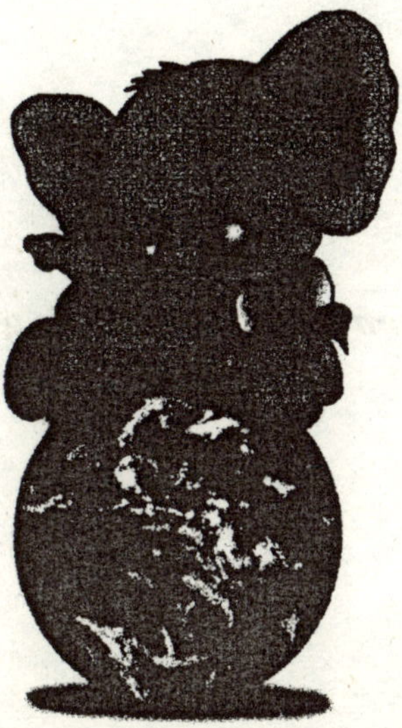

"Olmamız gereken şeyi olduğumuz gibi kalarak olamayız."

Max De PREE

I. KAPI

KİM OLDUĞUNUZ ÜZERİNE

Ben kimim? Niçin buradayım? Yapmak istediğim şey bu mu? Çoğu zaman bu üç soruyu sormadan koca bir hayatı yaşar gideriz. Önümüze bir hedef koyarlar ve koşturur dururuz, çoğu zaman niye olduğunu bilmeden...

John Lennon (bir İngiliz saz ustası) "Hayat biz başka şeyler planlamakla meşgulken olagelen şeylerdir." diyor.

Bir gün bakarsınız uzun sandığınız koca bir hayat geçip gidivermiş.

1979 Haziranında Kuleli Askeri Lisesi'nin hazırlık binasının iç bahçesinde 1.46 m. boyumla (bana uzun bir pardösü vermişlerdi, ben bahçede yürürken "Aaaa bak ileriden bir pardösü geliyor." diye şaşırıyorlardı); Selahattin, Şükrü, Tuğrul Ali oturup "Ağabey 2000 yılı imkânı yok gelmez! Üff, ta o zaman yüzbaşı olacağız, imkânı yok!" diye konuşuyorduk. Selahattin okuldan ayrıldı Amerika'da, Şükrü Ankara Hali'nde kabzımal oldu, Ali kan kanserinden öldü.

Bu kitabı 2002 yılının Şubatında yazmaya başladım. Şimdi ömrümün sonu o kadar da uzak gelmiyor.

Kendinize hiç sordunuz mu "Ben kimim?" sorusunu? Yeteneklerinizi, hobilerinizi ve başarılı olduğunuz alanları? Bunları sormadığınız sürece üretken bir hayatı, dolayısıyla da mutlu bir hayatı hak etmezsiniz.

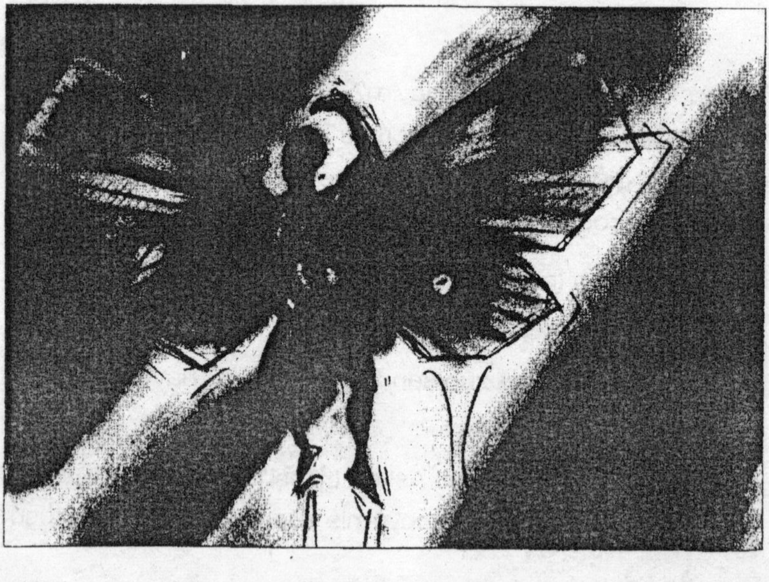

"Alice Harikalar Diyarında", bildiğimizin aksine bir çocuk kitabı değildir. Bir matematik profesörü ve aynı zamanda bir rahip olan yazar, bu kitabı dönemin İngiltere'sini eleştirmek için Lewis Carroll takma adıyla yazar. Kitabın başlarında Alice aşağıya düşer ve bir tavşanla karşılaşır. Önünde iki yol vardır, tavşana sorar: "Hangi yoldan gideyim?" Tavşan bugüne değin duyduğum en iyi cevaplardan birini verir:

"Nereye gideceğini bilmiyorsan hangi yoldan gittiğinin hiçbir önemi yok."

Tavşanın diğer yanında bir tavşan da ben olsaydım (evet, bu tür fantezilerim var!), derdim ki:

"Aslında, nereye gideceğini bilmenden daha önemlisi, kim olduğunu bilmen. Kim olduğunu bilirsen, gideceğin yer değiştiğinde ortalıkta dımdızlak kalmazsın ve nereye gideceğini çok daha iyi belirlersin."

Müslüman bir tavşanın bir rahibin yazdığı kitapta yer alma imkânı olmadığı için bu sahne gerçekleşmedi.

Yavru deve annesine sormuş:

- Anne bizim niye hörgücümüz var?
- Çöl sıcağında susuzluğa dayanabilelim diye.
- Anne bizim toynaklarımız niye bu kadar geniş?
- Çölde ayaklarımız kuma batmasın diye.
- Anne bizim boynumuz niye bu kadar uzun?
- Çölde uzaktan gelebilecek tehlikeleri görebilelim diye.
- Peki anne, Allah aşkına bizim Atatürk Orman Çiftliği'nde ne işimiz var?

"Aslında, nereye gideceğini bilmenden daha önemlisi, kim olduğunu bilmen. Kim olduğunu bilirsen, gideceğin yer değiştiğinde ortalıkta dımdızlak kalmazsın ve nereye gideceğini çok daha iyi belirlersin."

Bu ülke Atatürk Orman Çiftliği'nde yaşayan develerle dolu; yetenekleriyle alakası olmayan işlerde çalışan sürüyle mutsuz insan... İyi ki 1991 yılının o soğuk Şubat sabahı, Balıkesir Saat Kulesi'nin altında, kendime "Ben kimim, neden buradayım ve yapmak istediğim şey bu mu?" diye sormuşum, pardösüm üzerime tam olarak oturuyor olmasına rağmen.

Kim Olduğunuz

Hindistan'da bir sucu, boynuna astığı uzun bir sopanın uçlarına taktığı iki büyük kovayla su taşırmış. Kovalardan biri çatlakmış. Sağlam olan kova her seferinde ırmaktan patronun evine ulaşan uzun yolu dolu olarak tamamlarken, çatlak kova, içine konan suyun sadece yarısını eve ulaştırabilirmiş. Bu durum iki yıl boyunca her gün böyle devam etmiş. Sucu her seferinde patronunun evine sadece bir buçuk kova su götürebilirmiş. Sağlam kova başarısından gurur duyarken, zavallı çatlak kova görevinin sadece yarısını yerine getiriyor olmaktan dolayı utanç duyuyormuş.

İki yılın sonrasında bir gün çatlak kova ırmağın kıyısında sucuya seslenmiş: "Kendimden utanıyorum ve senden özür dilemek istiyorum."

"Neden?" diye sormuş sucu. "Niye utanç duyuyorsun?"

Kova cevap vermiş: "Çünkü iki yıldır çatlağımdan su sız-

dığı için taşıma görevimin sadece yarısını yerine getirebiliyorum. Benim kusurumdan dolayı, sen bu kadar çalışmana rağmen, emeklerinin tam karşılığını alamıyorsun."

Sucu şöyle demiş: "Patronun evine dönerken yolun kenarındaki çiçekleri fark etmeni istiyorum."

Gerçekten de tepeyi tırmanırken çatlak kova, patikanın bir yanındaki yabani çiçekleri ısıtan güneşi görmüş. Fakat yolun sonunda yine suyunun yarısını kaybettiği için kendini kötü hissetmiş ve yine sucudan özür dilemiş.

Sucu kovaya sormuş:

"Yolun sadece senin tarafında çiçekler olduğunu ve diğer kovanın tarafında hiç çiçek olmadığını fark ettin mi? Bunun sebebi benim senin kusurunu bilmem ve ondan yararlanmamdır. Yolun senin tarafına çiçek tohumları ektim ve her gün biz ırmaktan dönerken sen onları suladın. İki yıldır ben bu güzel çiçekleri toplayıp onlarla patronumun sofrasını süsleyebildim. Sen böyle olmasaydın, o evinde bu güzellikleri yaşayamayacaktı."[2]

---

[2] ULUÇ, Hıncal, Bir Hint Hikâyesi, Sabah gazetesi, Köşe Yazısı, Nisan 2002.

"Bütün dünya sizsiniz, yine de başka bir şey var sanmaya devam ediyorsunuz."

Hsijeh - Feng

II. KAPI

BENLİK ÜZERİNE

Şimdi lütfen elinize bir kâğıt alın.

Hayatta en değer verdiğiniz üç şeyi alt alta yazın:

1 -

2 -

3 -

Ben ilk sıraya yazdığım maddeyi söylemek istiyorum: BEN!

Kendime çok değer veriyorum ve bunu yaptığım sürece etrafıma da değer verebileceğimi biliyorum. Etrafımdaki her şey ben olduğum için var ve kendimi ne oranda geliştirirsem etrafımı da o oranda anlar ve yararlı olabilirim.

Nerede, ne zaman ve nasıl doğacağınızı seçemezsiniz. Nerede ve nasıl öleceğinizi de seçemezsiniz. Ama nerede, nasıl yaşayacağınızı pekâlâ seçebilirsiniz. Yeter ki bunun için çaba gösterin.

Değerli bir benliğiniz ve değerli bir hayatınız olsun.

Talat Halman diyor ki: "Dünya sizin için bir şaheser olsun ve dünyaya şaheserler sunun."[3]

Dünyaya şaheserler sunmanın yolu sizin bir şaheser olmanızdan geçmeyebilir; ama kendinizle ilgili en iyiyi yakalamaya çalışabilirsiniz.

"Kendine değer vermek"le, "kendini beğenmek" arasında dağlar vardır.

Değer vermek kendinizle başlar. Kendine değer vermeyenin çevresine değer vermesi imkânsızdır. O yüzden kendinizle başlayın şaheserlere, siz hayattan keyif aldıkça hayat da farklılaşır. Ancak kendinizi severseniz etrafınızdakileri de sevmeye başlarsınız. Etrafınıza bakın; kendisinden memnun olmayanların, fiziğini, benliğini sevmeyenlerin etrafıyla hep kavgalı olduğunu görürsünüz. Kendinizi sevin, kendinize âşık olun; etrafınızdakilere âşık olmanız kolaylaşır.

Eğer kendinize gerekli saygıyı göstermezseniz, zaman içinde kendi hayatınızı değil, çevrenizdeki insanların beklentileri doğrultusunda bir hayat yaşarsınız.

---

[3] Bilkent Üniversitesi, mezuniyet töreni konuşması, Ankara, 1999.

Hiç kimse sizin izniniz olmadan kendinizi değersiz hissettiremez.[4]

O zaman ruhunuzu güçlendirin, zorluklara ve engellere karşı. Siz kendinize değer verdiğiniz sürece etrafınızdakilerin de size verdiği değerin arttığını göreceksiniz.

Ruhunu, fiziğini ve varlığını seven insan mutludur. Mutluluğu kendi benliğinizde arayın.

[4] ROOSEVELT, Eleanor.

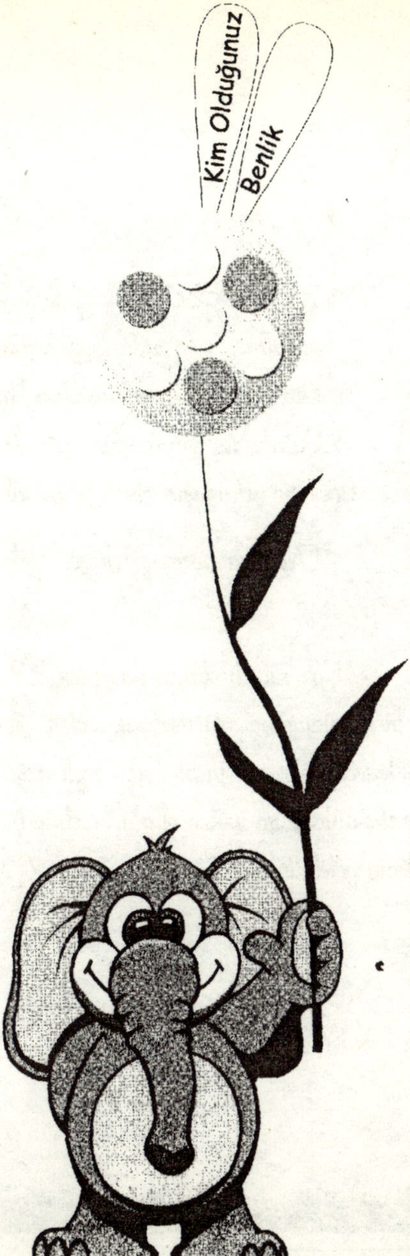
Kim Olduğunuz
Benlik

"SADECE evcilleştirdiğin kişiyi anlayabilirsin." dedi tilki. "İnsanlarınsa hiçbir şeyi anlayacak vakitleri yoktur. Her şeyi dükkândan hazır alırlar. Ve arkadaşlar dükkânlarda satılmadığı için de, hiç arkadaşları olmaz. Eğer bir arkadaşın olsun istiyorsan, evcilleştir beni!"

"Ne yapmam gerekiyor peki?" diye sordu küçük prens.

"Çok sabırlı olman gerekiyor. Önce çimenlerin üstüne, biraz uzağıma oturmalısın. Ben gözümün ucuyla seni izleyeceğim, sen hiçbir şey söylemeyeceksin. Sözcükler yanlış anlamaya neden olurlar. Ama her gün biraz daha yakına gelebilirsin."[5]

[5] EUXPERY, Saint de, "Küçük Prens", Oda Yayınları, İstanbul, 1998.

"Eğitilmişlerin umutları hiçbir şey öğrenmeyenlerin zenginliğinden daha güçlüdür."

Demokritos

III. KAPI

ALIŞKANLIKLAR ÜZERİNE

Sizce ilerlemenizin önündeki en önemli engel nedir?

KENDİNİZ!

Alışkanlıklarınız, önünüzdeki en önemli engeldir. Hayatınız bir süre sonra bir rutin yaratır, bir türlü dışına çıkamazsınız.

Bir grup tırtılı boş bir saksının üstüne yerleştirmişler ve önlerine yiyecek koymuşlar. Tırtıllar dönerek yemeye başlamış. Bir süre sonra, tırtılları saksının üstünden aşağı indirmişler, yiyecekleri saksıyla aynı büyüklükte bir daire şeklinde koymaya devam etmişler, tırtıllar dönerek yemeye devam etmiş. Daha sonra yiyecekleri, tırtılların alışmış oldukları çemberin 1-2 santim dışına koymuşlar; tırtıllar ölmüş (deneyi yapan sapık bilim adamıyla ilgili tüm düşüncelerinize aynen katılıyorum).

Önünüzdeki en büyük engel alışkanlıklarınızdır.

Amos Parrish "Alışkanlık anahtarı kaybolmuş bir kelepçedir." der.[6]

Japonya'da çok yoğun çalışan yöneticiler bazen, gidiyor ve bir yıl ayakkabı boyacılığı gibi bir iş yapıyor; bir yıl sonra işlerinin başına farklı bir insan olarak dönüyorlar.

Öğrenmeyi ve öğrendiklerimizin doğrultusunda gelişmeyi bir hayat biçimi olarak belirlemelisiniz.

Henry Ford "İnsan öğrenmeyi bıraktığı gün yaşlanır." diyor. Biz bu ülkede 18 yaşında yaşlanmaya başlıyoruz, 30'larda ölüyoruz, 70 yaşında gömülüyoruz.

Etrafınızda öğrenecek çok şey var, yeter ki hayata ve çevrenizdekilere o gözle yaklaşın. Ben, Uludağ'ın eteklerinde kurduğu küçük kulübede hayatını geçiren Avcı Ali Osman Amca'dan öğrendiklerimi, İngiltere'de aldığım üst düzey yöneticilik eğitimlerinde öğrenmedim.

Bilmeyen ve bilmediğini bilen çocuktur, ona öğretin;

Bilen ve bildiğini bilmeyen uykudadır, onu uyandırın;

Bilmeyen ve bilmediğini bilmeyen aptaldır; ondan sakının;

Bilen ve bildiğini bilen liderdir, onu takip edin.[7]

---

[6] VAROL, Metin, "Zerdüşt 'Yaşamak İstiyorum' Dedi", Elma Yayınevi, Ankara, 2002.

[7] Çin Atasözü.

Tüm dünyada derinliğine bilgi değerli olmaya başladı. Oysa hepimize aynı şeyleri öğretiyorlar. İnsan farklılıkları ve yetenekleri bir ülkenin zenginliğidir.

Dünyadaki eğitim sistemleri insan yeteneklerini ve farklılıklarını bulup geliştirmeye yönelikken; Türkiye'deki eğitim sistemi farklılıkları yok etmeye yöneliktir. Aynı sıralarda otururur yeteneklimiz, yeteneksizimiz, dehamız, aptalımız... Aynı eğitimi alırız, ezberler de ezberleriz... Sonra bir çıkarız tornadan; hayata aynı şekilde bakan, farklılıkları ve yetenekleri yok edilmiş, ana haber bülteninde aynı haberi yedi defa tekrar ederek söyleyen haber spikerleri gibi birbirini tekrarlayan, gazetelerin verdiği üçüncü sayfa cinayet haberleri kadar birbirine benzeyen insanlar oluruz.

Tarlanın yirmi yerini birer metre kazdığınızda hiçbir şey bulamazsınız, bir yerini yirmi metre kazdığınızda da suya ulaşırsınız.

Tüm dünyada derinliğine bilgi değerli olmaya başladı. Oysa hepimize aynı şeyleri öğretiyorlar. İnsan farklılıkları ve yetenekleri bir ülkenin zenginliğidir.

Pablo Neruda 1954 yılında Santiago Üniversitesi'nde verdiği bir seminerde "Bilgi bir ışık gibidir. Sızacak bir yer bulur ve içeri girer." diyor. Biz bu ülkede yıllardır bilgi içeri girmesin diye kapıları kapadık; çünkü bilgiyi içeri sokmazsanız ilkokul mezunu eroin kaçakçısı milletvekilleriyle bir ülkeyi yönetirsiniz.

Sistem sizin yeteneklerinizi ve farklılıklarınızı keşfetmek için çaba göstermiyor olabilir, peki siz kendiniz için bu çabayı gösterdiniz mi?

Hayır!

Şu anda bu kitabı okurken bile ışık içeriye girsin diye kapıyı biraz araladınız. Peki ya sonuna kadar açarsanız...

("Âlim oluruz âliiiiiim!" diye bağırarak odanın içinde koşturanların gereksiz dolduruşa geldiklerini belirtmek isterim.)

Kim Olduğunuz
Benlik
Alışkanlıklar

KORİNTOSLULARA[8]

EĞER insanların ve meleklerin dilleri ile söylersem, fakat sevgim olmazsa, ses çıkaran bir bakır, yahut öten bir zil olmuş olurum. Eğer peygamberliğim olursa ve bütün sırları ve her ilmi bilirsem ve eğer dağları nakledecek bütün imanım olursa, fakat sevgim olmazsa bir hiçim. Ve eğer bütün mallarımı sadaka olarak yedirirsem ve eğer bedenimi yanmak üzere teslim edersem, fakat sevgim olmazsa, bana hiç faide etmez. Sevgi çok sabreder, lütufla muamele eder, sevgi haset etmez, sevgi övünmez, kibirlenmez, çirkin muamele etmez, kendi faidesini aramaz, hiddetlenmez, kötülük saymaz, haksızlığa sevinmez, fakat hakikat ile beraber sevinir, her şeye katlanır her şeye inanır, her şeyi ümit eder, her şeye sabreder. Sevgi asla zeval bulmaz; fakat peygamberlikler

[8] İncil, Korintoslular, Bap 13. İncil-i Şerif'teki 1. Korintoslulara mektup, Paulus'un Tebliğ Mektuplarından Hazreti İsa'ya vahiy edilen İncil'e eklenmiş ilham yoluyla bildirildiği öngörülen kutsal metinlerdendir.

ise iptal olunacaklar, diller ise bitecekler, ilim ise iptal olunacaktır. Çünkü cüzi biliriz, cüzi peygamberlik ederiz; fakat kamil olan geldiği zaman, cüzi olan iptal olunacaktır. Çocukken, çocuk gibi söylerdim, çocuk gibi anlardım, çocuk gibi düşünürdüm; adam olunca, çocuk şeylerini bıraktım. Çünkü şimdi ayna ile muammalı surette görüyoruz. Fakat o zaman yüz yüze göreceğiz; şimdi cüzi biliyorum, fakat o zaman bildiğim gibi bileceğim. Şimdi ise, iman, ümit, sevgi, bu üçü kalıyor; ve bunların en büyüğü sevgidir.

"Aya ulaşma umutları içindeki insanlar ayaklarının dibinde açan çiçekleri görmez oldular."

Albert Scheweitzer

IV. KAPI

SEVGİ ÜZERİNE

Bir süre sonra size hayat sevinci veren gücün etraftan aldığınız sevgi olduğunu fark edersiniz. Yerli diziler size kavga etmeyi, Amerikan filmleri öldürmeyi öğretiyor olabilir. Ama öç aldığı için, başkasını yaraladığı için mutlu olan bir ruh yoktur. Bir başladınız mı daha fazlasını istersiniz. Etrafınızdan da size nefret yansır.

Hırs içinde yaşarsanız, etrafınız da hırs dolar.

Hayat sizin ona nereden baktığınıza bağlı olarak değişir. Sizin ruh hâliniz değiştikçe hayatın da farklılaştığını görürsünüz. Ne girdi verirseniz, o çıktıyı alırsınız.

İlk Türk astronotlar uzaya gidecekler; son akşam "Gidelim şöyle son bir demlenelim." diyorlar. Türk uzay gemisi ya, Allah'a emanet! Neyse gidiyorlar bir meyhaneye; herkes bunları televizyondan tanıyor, bir izzet-i ikram:

- Ne içersiniz?

- Rakı...

- Hayatta olmaz yarın uçuşunuz var, vermeyiz.

Başka meyhaneye gidiyorlar, aynı muhabbet... Bunlar içki içemeden dönüyorlar, Ankara Çinçin Bağları'ndaki uzay üssüne...

Bu arada biri ötekine diyor ki:

- Ağabey, ben yakıtın formülünü okumuştum, içinde bayağı alkol var!

Gözleri parlıyor ve bir hortum bulup yakıttan üç - beş kadeh içip odalarına çekiliyorlar. Gece saat iki, birisinin telefonu çalıyor, açıyor telefonu; diğer astronot:

- Ağabey, yakıt midende gaz yaptı mı?

- Evet.

- Aman sakın çıkarma, ben şu anda Japonya'dayım!

Ne girdi verirseniz, o çıktıyı alırsınız.

Beyninizi, ruhunuzu sevgiyle doldurun ve dağıtın. Size de aynı ışık yansır.

Beyniniz neredeyse bedeniniz de oradadır. Ruhunuzun dünyaya çiçeklerle dolu bir vadiden bakmasını tercih edin. Hırs ve kötülüklerle dolu bir uçurumun kenarından değil.

Milli Kütüphane'nin Balgat dönüşünde bir dolmuş, acı bir fren yaparak arkamızda durdu. Benim arkamdaki kadını sıkıştırarak, kaldırımın üzerinden devam edip kırmızı ışıkta geçti. İleride bir yerde yolcu indirirken gördüm; tam benim geçtiğim sırada, sinyal falan zaten hak getire, hızla yola çıktı (dolmuşlarda sinyal kolunu ekstra aksesuar olarak satıyorlar, "opsiyonel"), ben çarpmamak için sola kırdım, santimle kurtardım. Sakin bir insan sayılırım, trafikte kavga falan etmem, herkese yol veririm. Gecenin üçünde boş ara sokaklarda dönerken sinyal veririm, bunun ülkeme ve çevreme saygı olduğunu düşünüyorum. Fakat üst üste gördüklerim üzerine dolmuşun önüne geçtim durdum, arabadan indim. Dolmuştan benim babam yaşında ufak tefek bir amca atladı. Bırakın tartışmayı, bizim kültürümüzde elini öpmem gereken yaşta bir insan... Birbirimize doğru yürümeye başladık, yaklaştığımızda ben amcaya gülümsemeye başladım. Durduk, o da bana gülümsedi.

Beyniniz neredeyse bedeniniz de oradadır. Ruhunuzun dünyaya çiçeklerle dolu bir vadiden bakmasını tercih edin. Hırs ve kötülüklerle dolu bir uçurumun kenarından değil.

- Amca ne yaptığını gördün mü?

- E oğlum biz de ekmek parası kazanıyoruz.

- Bak amca, ekmek parası kazanacağım derken son onbeş dakikada kaç kişiyi ekmekten ediyordun!

- Doğru, dedi.

Birbirimizin omzuna vurduk ve arabalara bindik. Herkes şaşkınlıkla bizi seyretti. Birbirimize el salladık ve devam ettik. Bir ihtimal, "Ne sırıtıyon?" diye gözüme yumruğu da yiyebilirdim ama olmadı. İçinizi sevgiyle doldurun ve etrafınıza yayın. Sevgi de size döner, nefret de...

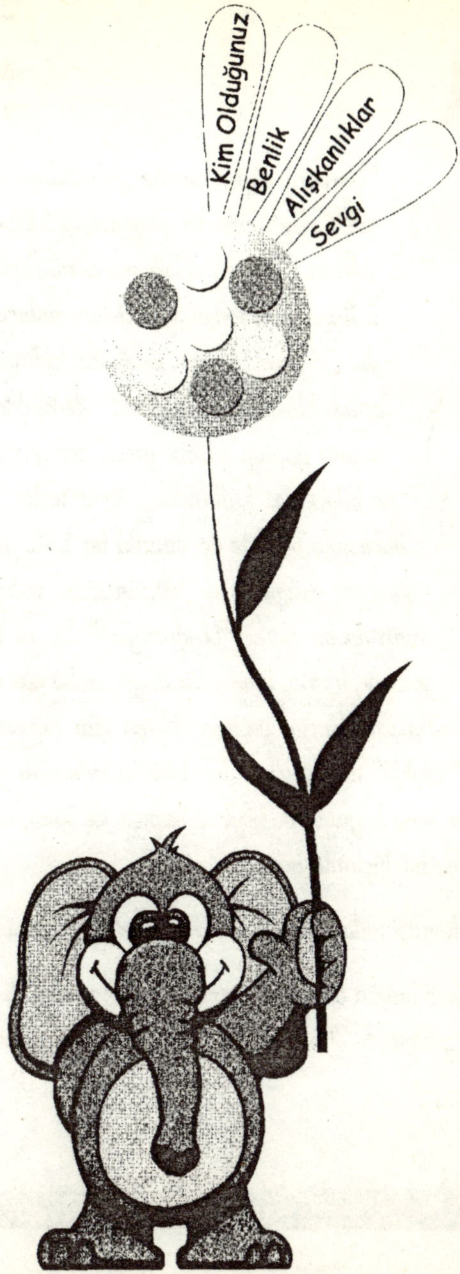
Kim Olduğunuz
Benlik
Alışkanlıklar
Sevgi

Barbara süper market çalışanlarına hitap ettikten yaklaşık üç ay sonra bir akşamüstü telefonu çaldı. Arayan kişi adının Johnny olduğunu ve marketlerden birinin kasasında müşterilerin torbalarını doldurmalarına yardım ettiğini söyledi. Ayrıca Down sendromu olduğunu belirtti ve "Barbara, anlattıkların hoşuma gitti!" dedi. Johnny, Barbara'nın konuşma yaptığı günün gecesi eve gittiğinde babasından kendine bilgisayar kullanmayı öğretmesini istemişti. Bilgisayarda, babasıyla birlikte üç sütunlu bir tablo yaptılar. Şimdi her akşam eve gittiğinde bir "günün sözü" buluyor. Bulamadığı zaman da bir tane "Uyduruyor!" Sonra bu sözü bilgisayarda yazıyor, birkaç tane çıktı alıyor, onları kesiyor ve her birinin arkasına ismini yazıyor. Ertesi gün müşterilerin torbalarını "zevkle" doldururken her birinin torbasına günün sözünden bir tane koyuyor ve böylece yaptığı işe içten, eğlenceli ve yaratıcı bir biçimde imzasını atıyor.

Bu konuşmadan bir ay sonra marketin müdürü arayarak:

"Barbara bugün olanlara inanamayacaksın." dedi. Sabah markete gittiğimde Johnny'nin kasasının önündeki kuyrık diğerlerinin üç katıydı! Bağıra çağıra etrafa emirler yağdırmaya başladım: "Daha fazla kasa açın. İnsanları buradan daha çabuk çıkarın!" Ama müşteriler: "Hayır, biz Johnny'nin kasasında beklemek istiyoruz. Günün sözlerinden almak istiyoruz!" dediler. Müdürün söylediğine göre bir kadın müşteri onun yanına gelmiş ve "Eskiden markete haftada bir gelirdim, ama şimdi buradan her geçişimde uğruyorum, çünkü günün sözlerinden almak istiyorum." demişti. Son olarak müdür: "Marketteki en önemli kişi kim biliyor musun?" diye sordu.

Elbette Johnny'di.

Aradan üç ay geçtikten sonra marketin müdürü yeniden arayarak: "Sen ve Johnny marketimizde büyük bir değişim yarattınız." dedi. Şimdi çiçek bölümündeki bütün sapı kırık çiçekleri ve kullanılmayan yaka çiçeği buketlerini yaşı geçkin kadınların ya da küçük kızların yakalarına iliştiriyorlar. Et paketleme bölümündeki bir elemanımız Snoopy seviyormuş ve 50.000 tane Snoopy çıkartması getirmiş. Her et paketinin üzerine bir çıkartma yapıştırıyor. Hem biz, hem de müşterilerimiz çok eğleniyoruz."[9]

[9] Bu hikâyeyi bana ulaştıran sevgili karıncam Selin Bilensoy'a teşekkürlerimle.

"Eğer sizden sokakları süpürmeniz istenirse Michelangelo'nun resim yaptığı, Beethoven'ın beste yaptığı veya Shakespeare'in şiir yazdığı gibi süpürün.

O kadar güzel süpürün ki gökteki ve yerdeki herkes durup "Burada dünyanın en iyi çöpçüsü yaşıyormuş." desin.

Martin Luther King

V. KAPI

İŞİNİZ ÜZERİNE

Aklınızda böyle örnekler var mı bilmiyorum; bu satırları yazarken Kıbrıs'tayım ve Doğu Akdeniz Üniversitesi'nde "Yönetim ve Sistem Liderliği" üzerine dersler veriyorum. Yakınımda Tower Restaurant var ("Tower" Anadolu'da, özellikle Urfa ve Kayseri yöresinde ve Kıbrıs'ta Beyarmudu civarında "kule" anlamında yaygın olarak kullanılan yerel bir terimimizdir). Orada bir garson var, adı Derviş. Kıbrıs'tan Türkiye'ye dönerken "İşini en iyi yapan birkaç kişi sayın." deseler; kesin profesör ve yöneticilerin arasında onun da adını sayarım. İşinden büyük zevk alıyor. Koşturarak ve gülümseyerek yapıyor. Derviş'ten çok şey öğrendim.

Ortağım Hakan'la İngiltere'ye görüşmelere gittik (o kadar kitap yazıyoruz, bir yerinde "Ben İngiltere'deykene" demezsek yakışık almaz), görüşme yapacağımız danışmanlık kuruluşundaki odalarımıza gidip giyinip çıktık. İkimiz de aynı şeyi yapmışız; aynanın üstünde zor görülür bir yere uzanıp parmağımızla toz var mı yok mu ona bakmışız. "Nasıl temiz değil mi ağabey? Gavur yapıyor kardeşim cık cık." diye konuştuk. Ertesi sabah odaları temizleyenleri görünce iyice şaşırdık; altmış yaşında kadınlar, yüzleri gülüyor ve pırıl pırıl çalışıyorlar. Bu bir hayat kültürü; yaptığı işi daha iyi yapmak, kişiliğini katmak ve sonuçlarından zevk almak...

Yıllar önce bir devlet kuruluşunun müdürlüğünü yaparken, idare amirimin söylediği şeyi unutmuyorum. Yanında çalışan görevlilerden Bulgaristan göçmeni olan Türkler var, bir de bizimkiler... İdare amirim, "Hocam, göçmen vatandaşlarımızın yaptığı hiçbir işi kontrol etmiyorum, bizimkilerse ilk ay müthişler, ondan sonra her işlerinin peşinden koşuyorum." dedi. Hâlbuki bizimkiler de pırıl pırıl iyi çocuklar. Fakat iş disiplini, yaptığı işi iyi yapmak bizim okulda ve ailede kazandığımız bir beceri değil ne yazık ki.

"Yeşil Yol" filminde çok dikkatimi çeken bir sahne vardı; onlarca yıldır elektrikli sandalyede infaz yapan bir ekip... Tom Hanks başrolde oynuyor. Ertesi gün infaz var, görev yerlerine gidiyorlar. Tom Hanks, "Bir" diyor. İçeride bir gardiyan, belli ki yıllardır aynı işi yapıyor, "Bir" dediklerinde o kolu çevirirmiş gibi yapıyor. "İki" dediklerinde tekrar o kolu ikiye getirirmiş gibi yapıyor. Her seferinde bu kadar basit bir işlemi tekrar tekrar yapıyormuş gibi yapıyorlar. Bizde adam bunun teorisini ikinci ayda bırakır. "Şunu şurdan şuraya mı indiremiceez? Bizim maaş zammı nooldu allasen?"

Yeşil Yol filminden bir sahne.

Eski Roma'da at arabalarının tekerleklerine bağlı iki kutu varmış. Üstteki kutu çakıl taşı dolu ve üstünde bir delik var. Üstteki kutunun da üstünde bir delik; araba hareket edince alttaki kutu dönmeye başlıyor. Böylece her dönüşte alttaki kutuya bir taş düşüyor. Gittiğiniz yere varınca üstteki kutuyu açıyorsunuz; kaç taş varsa o kadar para ödüyorsunuz. Zamanımızdan 2000 yıl öncesinden bahsediyorum. Bu ülkede mazallah bir taksici mekanizmayı keşfedip dese ki "Ağabey ben tekerleğe iki kutu bağlayayım."; adam sabah erken kalkar alttaki kutuya fazladan beş - altı taş atar! Bu kişisel kalıte ve iş sorumluluğu, bizi yetiştiren sistemlerde, aile ve okulda yok. Tüm alışkanlıklarımız, kalite ve işine değer katma dışında. "Yok canım o kadar da değil." demeyin, "Bu haplar alışkanlık yapıyor olamaz, ben yıllardır kullanıyorum." diyen insanlara dönersiniz.

Sünnetçi yeni bir dükkân açmış, vitrinine de bir sandalye koymuş. "Ne alakası var?" diye sormuşlar, "Ne koysaydım?" demiş.

İşinize yaratıcılığınızı katmanız öncelikle onu sevmenizden geçer. İşinize bilgiyi katmalısınız. Bilgi gerçek sevgidir.

İşinize yaratıcılığınızı katmanız öncelikle onu sevmenizden geçer. İşinize bilgiyi katmalısınız. Bilgi gerçek sevgidir.

İşinize bilgi, sevgi ve yaratıcılığınızı kattığınızda onu sevilir hâle getirirsiniz. Bunları kattığınızda bile sevemiyorsanız, seveceğiniz bir iş mutlaka vardır. "Ben ondan da zevk alamıyorum." diyorsanız, köye gidip dana besleyebilirsiniz.

Fakat danaları öyle bir besleyin ki gökteki ve yerdeki herkes durup "Böyle bir adam niye dana besliyor ki?" desin.

Kıkırdamayın.

Kim Olduğunuz
Benlik
Alışkanlıklar
Sevgi
İşiniz

Gürültü ve karmaşanın ortasından sakince geç, sessizlikte ne büyük bir huzur olduğunu hatırlayarak... Mümkün olduğunca ama teslim olmaksızın herkesle iyi geçin. Doğru bildiğini sesini yükseltmeden ama açık seçik dile getir ve diğerlerine de kulak ver; ne kadar pırıltısız görünse de onların da bir hikâyesi vardır. Gürültücü ve saldırgan insanlardan uzak dur, çünkü onlar özüne sıkıntı verirler. Eğer kendini başkalarıyla kıyaslayıp durursan; ya mutsuz ya da kendini beğenmiş olursun. Çünkü her zaman senden daha iyi ya da daha kötü durumda birileri olacaktır. Planların kadar gerçekleştirdiklerinden de zevk al. Kariyerine ilgini kaybetme; ne kadar basit olursa olsun, zamanın değişen değerlerine karşı gerçek hazinendir. İşinde temkinli ol; dünya sahtekârlıklarla doludur. Fakat bu temkinliliğin, sahip olduğun meziyetleri kullanmana engel olmasın; çok insan yüksek idealleri için çırpınır ve hayat her yerde kahramanlıklarla doludur. Kendin ol. Özellikle sevmediğin hâlde seviyormuş gibi davranma. Aşka kırgın da olma; çünkü bütün hayal kırıklıklarına rağmen aşk çimenler gibi yeniden doğar hiç beklemezken. Yılların geçişine saygıyla boyun eğ ve asaletle terk et gençliğin heveslerini. Ruhunu güçlendir *beklemediğin anda gelen talihsizliklere karşı seni koruması için. Ama bu karanlık hayallerle kendini üzme. Pek çok korku bitkinlik ve yalnızlıktan doğar. Kendine karşı nazik ol. Sen de bu evrenin çocuğusun en az ağaçlar ve yıldızlar kadar. Sen fark etsen de fark etmesen de evren olması gerektiği gibi hareketine devam ediyor zaten. Bu yüzden Tanrı'dan her ne anlıyorsan onunla barış içinde ol. Çabaların ve emellerin ne olursa olsun, hayatın gürültülü karmaşasında barış ve huzuru kalbinden hiç eksik etme. Bütün basitlikleri, yıpratıcılığı ve hayal kırıklıkları ile bile dünya çok güzel. Neşeli ol. Mutlu olmak için çırpın.*[10]

Max Ehrmann, 1927

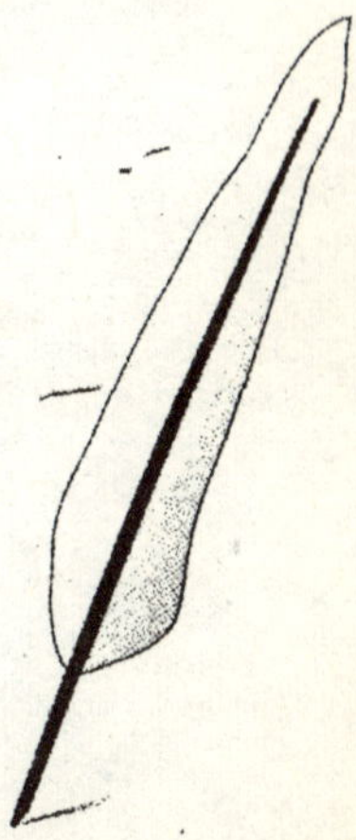

[10] Max Ehrmann'ın 1927'de yayımlanan Desiderata adlı şiirinin çevirisidir. Çevirmeni bilinmemektedir.

"Kişinin hayatı düşünün rengine boyanmıştır."

Marcus Aurelius

VI. KAPI

OLUMLU DÜŞÜNCE

Yağmur yağdıktan bir süre sonra toprağın üzerinde yağmurun ilerleyeceği kanallar oluşur. Daha sonraki yağmurlarda, sular hep bu kanallardan akar. Beynimizde de bu tür yağmur kanalları vardır; herkesin beynine aynı yağmur yağar, fakat ayrı kanallara gider.[11]

Küçüklükten itibaren beynimize dışarıdan gelen birçok uyarı, etrafımızdan gördüğümüz tepkiler, beynimizde bu tür kanallar oluşturur. Belli bir süre sonra artık yağan yağmurun gideceği kanallar çok belirlidir. Eğer bu kanallar po-

[11] ALDER, Dr. Harry, "NLP, Sinir Dili Programlaması", Sistem Yayıncılık, İstanbul, 1997.

zitif oluşmuşsa, harika; olumsuz oluşmuşsa, gelen her veri bizim için olumsuzdur.

Benim çok sevdiğim bir dostum var. Ahmet'i tüm arkadaşlarımız çok severiz (Ahmet bak soyadını vermedim). Bir öğle arası arazide ağaçların arasında çadırda uyuyoruz, müthiş bir sıcak var. Bizimkisi de yan çadırda, bir anda sesiyle irkilerek uyandım, dışarıda dövünüyor, kahroluyor:

"Bu benim kaderim mi Yarabbim? Niye hep beni buluyor? Allah belasını versin!"

Ben "Eyvah!" dedim, "Memleketten çok kötü bir haber aldı." Hemen kalktım ve çadırdan dışarı fırladım.

Ahmet devam ediyor:

"Bilmem ne sinek, başka konacak adam mı yok?"

Bizimki uyurken bir sinek gelmiş ve burnuna konmuş, uyandırmış. Bizimki kaderine küsüyor. Sizin burnunuza, benim burnuma konsa, elimizle şöyle bir kovalar ve tekrar uyuruz. Ahmet olayı şahsına almış ve çok kızmış. Ahmet her habere üzülebilen bir arkadaşımdır.

Hepimize aynı yağmurlar yağar; kimimizi ıslatır, kimimizi ıslatmaz.

Kelimeleri seçerken bile olumluyu seçme şansınız var. Ne kadar az "ama", "fakat" kullanırsanız o kadar iyi. Fark ettiğim ilginç bir şey var. Biz şehitlerimizin arkasından ne deriz? veya şehitliklere ne yazarız? "Sizi Asla Unutmayacağız!" Batı'da: "We'll always remember you." yani "Sizi Daima Hatırlayacağız!" diyorlar. "Daima hatırlamak", "Asla unutmamak"tan daha iyi değil mi?

Yurt dışında bir toplantıdan sonra yerel yönetim binasından çıkıyoruz, ailemden uzakta, toplantı üzerine toplantı ve hava nasıl gri, nasıl yağmurlu... Mike West durdu, "Harika bir hava değil mi?" dedi. "Yuh!" diyecektim, durdum ve gökyüzüne baktım, düşündüm, "Gerçekten harikaydı." O gökyüzünün altında olmak harikaydı. 8 yaşında Çiğli'deki Amerikan lojmanlarında yağmurlu havalarda portakal suyu sıkıp, Cincibir gazozunun boş şişesine doldurup, saatlerce tembel tembel dışarıyı seyredip, ilkokul numaramın 105 olmasına ne kadar memnun olduğumu; babamın "Bak oğlum, bu dünyanın en cins köpeği kabul edilen tazıdır." diye beni kandırdığı ortalama köpek zekâsının oldukça altındaki sokak köpeği Tarzanımı nasıl sevdiğimi ve gece "Uzaylılar geldi." numarasıyla anne ve babamın ortasında yatmaktan aldığım zevki hatırladım.

O gün yaşlı bir danışman, hiç fark etmeden bana havadan zevk almayı hatırlattı. Eskiden sadece güneşli ve rüzgârsız havaları severdim, şimdi kaloriferin üzerinden küçük kızımla kar seyretmeyi çok seviyorum.

Bugün 11 Mart 2002, biraz önce babamın çok sevdiğimiz Osman Dayısı, Osman Tanrıseven'in vefat ettiğini öğrendim. Bundan bir kaç yıl önce eşimi istemeye gittiğimizde ailenin en büyüğü olarak Osman Dayım gelmişti. Yol boyu Osman Dayımın daha önceki kız istemelerde kırdığı potlar anlatıldı, "Nasılsa bu sefer olmaz." diye gülüşüldü. Bir seferinde "Zaten oğlumuzla kızımız anlaşmışlar, birbirlerini sevmişler." diye başlamış, kız tarafı ayaklanıp kızlarının üzerine yürümüş, onların flörtten haberi yokmuş...

Bizim isteme sahnesinde de Osman Dayımı, "Allah'ın emri, Peygamberin kavliyle kızınız Meltem'i oğlumuz... oğlumuz..." Dayım heyecandan benim ismimi unuttu. Kenardan "Şerif! Şerif!" diye fısıldaştılar, hepimizin kulakları kıpkırmızı oldu.

Bugün Osman Dayım 76 yıllık serüvenini tamamladı.

Fizik kanunlarına göre, iki şey aynı anda bir arada olmaz. Eğer beyninize olumlu düşünceyi yerleştirirseniz, olumsuz düşünce oraya yerleşemez.

Beyninize yeni ve pozitif yönlere giden yağmur olukları açın. "Toprağı ne yapalım?" diye düşünenler olabilir. Onları da eski yolları tıkamada kullanabilirsiniz.

Bir çukurdan çıkardığınız toprak hiçbir zaman o çukuru tekrar doldurmaz. Yine de epey bir kapatır.

Güneydoğu'da üzerine kurşun yağmış devre arkadaşlarımın, sıradan şeylerden şikâyet etmediğini gördüm.

"Güne canlı bir kurbağa yiyerek başlarsanız o gün daha kötüsü olmadığını görürsünüz" derler. Bugün Kıbrıs'ta kapalı ve fırtınalı bir hava var... Ofisimden deniz görünüyor; dalgadan geçilmiyor, okaliptüs ağaçları sallanıyor... Harika bir hava...

Eminim cennette de harika bir hava vardır bugün...

Seni daima hatırlayacağım Osman Dayı.

Kim Olduğunuz
Benlik
Alışkanlıklar
Sevgi
İşiniz
Olumlu Düşünce

AN'LAR[12]

Eğer yeniden başlayabilseydim hayata,
İkincisinde daha çok hata yapardım.
Kusursuz olmaya çalışmaz,
Sırt üstü yatardım.
Neşeli olurdum, ilkinde olmadığım kadar.
Çok az şeyi ciddiyetle yapardım.
Elbette mutlu anlarım oldu ama,
Yeniden başlayabilseydim eğer
Yalnız mutlu anlarım olurdu.
Farkında mısınız bilmem, yaşam budur zaten:
Anlar, sadece anlar...
Siz de an'ı yaşayın

12 Borges'in "An'lar" şiirinden kısaltılmış bir pasaj.

Eğer yeniden başlayabilseydim,
İlkbaharda ayakkabılarımı fırlatır atardım.
Ve sonbahar bitene kadar
Yürürdüm çıplak ayaklarla.
Bilinmeyen yollar keşfeder,
Güneşin tadına varır, çocuklarla oynardım.
Bir şansım daha olsaydı eğer...
Ama işte 85'indeyim
Ve biliyorum..
Ölüyorum...

Jorge Lois Borges

İnsanlar plan yapar ve Tanrı güler...

VII. KAPI

HAYAT ÜZERİNE

"Dalgıç Giysisi Giymiş Kelebek", Fransız bir dergi yönetmeninin yazdığı kitaptır. Yayın yönetmeni bir hastalık geçirir ve yatağa düşer. Vücudunu hiçbir şekilde kullanamaz. Vücudunda hareket ettirebildiği tek şey sağ göz kapağıdır. Serum dışında hiçbir besin alamaz, tüm vücut fonksiyonları kaybolur. Sağ göz kapağını Mors alfabesi gibi kullanarak asistanın yardımıyla bir kitap yazar.

Ayda bir kere bir dilim kızarmış patates yemesine müsaade edilir. Tüm bir ayı o hazzı yaşamayı bekleyerek geçirir.

Bir dilim kızarmış patates...

Hayat sadece anlardan ibarettir.

O kitabı okuduktan sonra bir dilim patatesten zevk almayı öğrendim ve her şeyden şikâyet etmemeyi...

Başınıza gelen ve çok kötü sandığınız birçok olayı birkaç sene sonra hatırlamazsınız bile. O an içinde olduğunuz için kendinizi kahrettiğiniz bir olayı üç sene sonra düşündüğünüzde yüzünüze bir gülümseme gelir.

Mark Twain, "Yaşamım boyunca birçok korkunç olayla karşılaştım. Bunların birkaçını gerçekten yaşadım." diyor.

Üniversite sonrası uzun bir süre birlikte olduğum bir kız arkadaşımla ayrılmıştık (sırıtmayın, evet o beni bırakmıştı). Günlerce moralim bozuk dolaşmıştım. İlk gün bir şişe şarap içmiştim. Hiç içkim sigaram yoktur; ama etraftan gördüğüm kadarıyla kızdan ayrılınca ilk iş olarak içki içmeniz gerekir. Ev arkadaşlarım Kemal ve Erhan hayretle beni izlemişlerdi, "Ağabey, yapma." falan.

Sordum onlara manalı manalı:

"Siz hiç sevdiğinizden ayrıldınız mı ki?"

"Tabii."

"Hadi yaaa?"

Yıllar sonra dönüp baktığımda, ayrılmış olmanın geleceğim için ne kadar iyi olduğunu görüyorum.

Biraz önce bir elektronik posta aldım. Çocuğu 7 yaşında

beyin sapı tümörüne yakalanmış bir baba modern tıbbın bütün imkânlarını kullandığını, doğal tedaviyle herhangi bir şekilde bu hastalıktan kurtulamadıklarını, herhangi bir çare bilenin yazmasını istiyor. Çocuğu birçok fonksiyonunu kaybetmiş...

Hayat size verilmiş en büyük armağandır.

Değerini anlamasanız bile en azından hak etmeye çalışın.

Hayatın ne kadar büyük bir armağan olduğunu anlamanız için başınıza mutlaka böyle bir acı gelmesi gerekmez.

Etrafınıza bir bakın, insanların bu inanılmaz armağanı nasıl mahvettiklerini görün.

Dert zannettiğiniz şeyler dert falan değil.

Üç bin yıl öncesine ait Hitit tabletlerinde hayat pahalılığıyla ilgili yazılar var.

Döviz kurlarıyla kafayı bozanlar, "Ekonomik kriz bizi mahvetti." diyenler, "Araba modelimiz eski" diye bunalanlar, "Kız arkadaşım terk etti." diye üzülenler, "Ne olacak bu memleketin hâli!" diye hayıflananlar, "Böyle koca olmaz olsun." diye düşünenler...

Işığı görebilmeniz için mutlaka karanlıkta kalmanız gerekmez.

Hayatı hak edin!

Işığı görün.

Kızarmış bir patatesin tadını anlamaya çalışın.

Ben bu akşam eşime bir çiçek götüreceğim.

Televizyonu hiç açmayıp, bütün gece kızımla oynayıp her ikisini de hiç öpmemişçesine öpeceğim ve adını bilmediğim o çocuk için, onlar yatağına çekildiğinde dua edeceğim.

Lütfen siz de edin...

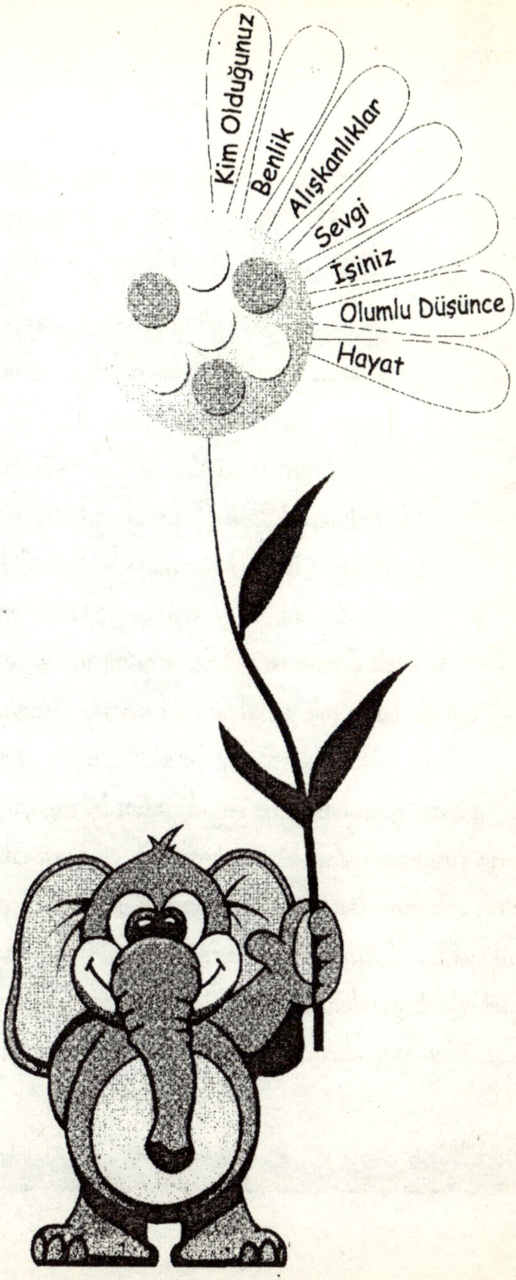
Kim Olduğunuz
Benlik
Alışkanlıklar
Sevgi
İşiniz
Olumlu Düşünce
Hayat

Genç ve başarılı bir iş adamı, lüks arabasıyla bir mahalleden hızlı bir şekilde geçiyordu. Park etmiş arabaların arasından yola aniden çıkabilecek çocuklara dikkat ediyordu ve bir şey gördüğünü sanarak yavaşladı. Arabayla caddeden yavaşça geçerken hiçbir çocuk görmedi; fakat arabasının kapısına bir tuğla atıldığını fark etti. Aniden arabasını durdurarak tuğlanın fırlatıldığı yere geri döndü. Arabadan indi, orada bulunan küçük bir çocuğu tuttu ve onu park etmiş bir arabaya doğru iterek bağırmaya başladı: "Bunu neden yaptın? Sen de kimsin, ne yaptığının farkında mısın?" İyice sinirlenerek devam etti: "Bu yeni bir araba ve atmış olduğun bu tuğla bana çok pahalıya mal olacak. Bunu neden yaptın?" Çocuk yalvararak cevap verdi: "Lütfen efendim. Çok üzgünüm ama başka ne yapabilirdim bilmiyorum. Eğer tuğlayı fırlatmasaydım kimse durmazdı." Park edilmiş arabanın arkasına işaret ederken çocuğun gözyaşları çenesine süzülüyordu. "Kardeşim kaldırımın kenarından yuvarlandı ve tekerlekli sandalyesinden düştü, ben onu kaldıramıyorum. Lütfen onu tekerlekli sandalyesine oturtmam için bana yardım eder misiniz? Benim için çok ağır." Bu durumdan son derece duygulanan iş adamı, boğazında büyüyen yumruyu zar zor da olsa yutkundu. Yerdeki genci kaldırarak tekerlekli sandalyeye geri oturttu. Mendiliyle çizik ve yaraları sildi ve gencin ciddi bir yarası olup olmadığını kontrol etti. Küçük çocuk genç yöneticiye dönerek "Teşekkür ederim efendim, Tanrı sizden razı olsun." dedi. Adam, küçük çocuğun, ağabeyini kaldırımdan evine doğru götürmesini izledi. Bulunduğu yerden arabasına geri dönmesi oldukça uzun sürmüştü. Uzun ve yavaş bir yürüyüştü.

Genç iş adamı, kapıyı hiç tamir ettirmedi. Kapıda oluşan çöküğü, hayatını birisinin kendisine tuğla atmasını gerektirecek kadar hızlı yaşamaması gerektiğini hatırlatması için öylece bıraktı.

Tanrı, ruhunuza fısıldar ve kalbinize konuşur. Bazen, dinleyecek kadar zamanınız olmadığında ise, size bir tuğla fırlatılır... İster fısıltıyı, ister tuğlayı dinleyin. Tercihi siz yapın...

Bebekler büyüklerin anlayacağı dili bulana değin birçok dil denerler.

VIII. KAPI

DİNLEMEK ÜZERİNE

Bir dostum anlatmıştı; bir tanıdıklarının evlerinde televizyon arıza yapmış, tamirci gelip TV'nin arkasını açmış ki bir sürü ekmek kırıntısı... Tabii kimin yaptığını hemen anlamışlar; evin beş yaşındaki yaramaz kızı. Bu hangi ailemizde gerçekleşirse gerçekleşsin tepki bellidir: Tamircinin de yanında çatır çutur çocuğa gireriz. Anne öyle yapmamış, çocuğuyla konuşmayı denemiş ve öğrendiklerinden sonra da hüngür hüngür ağlamış. Çocuk ekranda Afrika'daki aç çocukları gördükçe mutfaktan ekmek alıp TV'nin açık bulduğu tek yerinden, arkadaki ızgaralardan içeri atıyormuş.

Herkes dinlemeye değer.

Lise sona kadar çok konuşkan bir çocuktum, çok okuyordum, sonra da ne biliyorsam her fırsatta anlatıyordum. Şimdilerde ortalamanın çok altında konuşan bir insanım.

Zamanla şunu öğrendim; bence aklın yolu kulaklardır, ağız değil. Kulaklardan beyne çok şey gider, ağızdan ise gitmez. Ağzınız bir karış açık dolaşıyorsanız birşey öğrenmiyorsunuz demektir.

Bizde bir deyim vardır: "Açtım ağzımı yumdum gözümü." Ben bundan yıllar önce kendime özgü bir deyim buldum, bana çok şey öğretti:

Yumdum ağzımı, açtım gözümü![13]

Dinlemek zekâ belirtisidir, konuşmak değil. İnsanlar ağız-

[13] Bu deyimi ben buldum. Yakın dönemde bunun da yürütülüp kaynak gösterilmeden kullanıldığını izleyeceksiniz.

larıyla söylediklerini kulaklarıyla duysalardı çok daha az konuşurlardı.

Yumun ağzınızı; açın gözünüzü.

Konuşmak kızgın patates gibidir; kimin elindeyse onun elini yakar. Atın karşıya, sizin elinizi yakmasın. Ne kadar çok konuşuyorsanız o kadar az dinlersiniz.

Şimdi aranızda "Ne yani evde Clint Eastwood gibi dolaşacak mıyız?" diyen okurlar olacaktır. Onu kastetmiyorum. Konfüçyüs der ki:

"Konuşmaya değer olmayanlarla konuşursan kelimeleri kaybedersin.

Konuşmaya değer olanlarla konuşmazsan dostlarını kaybedersin."

(Konfüçyüs Sayın Süleyman Demirel'in DSİ'de genel müdür olduğu dönemde müsteşarmış...)

Bazen karşınıza birisi çıkar, hiç katılmadığınız fikirler söyler, siz de onu ikna etmeye çalışırsınız; sonuç koca bir hiçtir. Mevlana diyor ki: "Aptalın karşısında kitap kadar sessiz ol."

Batı'da bir deyim vardır: "Budalayla tartışma, dışarıdan bakanlar farkı anlamayabilirler."

Benim için fikrimi anlatacağım kişinin buna çok değmesi gerekir. Eğer karşıdaki birşeyler anlatıyor ve bana hiç uymuyorsa, hiç itiraz etmem. Sadece dinlerim. Onaylamam.

Dinlemek Allah'ın insana verdiği en büyük becerilerden biridir ve bence sevgiyi gösteren en güzel hediyedir.

Bir gün kalabalık bir topluluğa seminer veriyorum, bir hanım söz istedi: "Akşam eşimle bir şeyler konuşuyoruz, ben bir şeyler anlatırken televizyona bakıyor, ben susunca da 'Anlat ben seni dinliyorum.' diyor. Ne öneriyorsunuz?" diye sordu. İki öneri getirilebilir: 1) Herifi derhal boşa 2) Bakışlarının sizin için ne kadar değerli olduğunu eşinize anlatın.

Dinlemek, çocuğunuza kendini değerli hissetmesini sağlayacak en önemli yöntemlerden biridir. O yüzden, "Çocuğunuza kulak verin, yüz değil."

Bir insana dinlendiğini hissettirmek sevginin en güzel ifadesidir. Çiftleri izleyin, yeni çıkanların birbirlerini ne kadar dinlediğini, evliliği belli bir sürenin üzerinde olanların birbirlerinin anlattıklarına ne kadar ilgisiz olduklarını göreceksiniz.

Üniversite son sınıftayız, Özgür'le beraber Ankara'dan İzmir'e Mavi Tren'le sömestr tatiline gideceğiz, "Yemekli vagona geçeriz, gece 12'ye kadar yemek yer sohbet ederiz, sonra da bataklık mandaları gibi uyuruz." diye planladık. Üzerimizde resmî kıyafetler, bir masa bulduk oturduk ve kıkıdı kukudu sohbet ediyoruz. Özgür, "Ağabey, yan masadaki adam kesin muhabbete girecek aman gelince 'Özel konuşuyoruz.' deyip geri gönderelim." dedi. Cidden baktım ileride bıyıklı bir amca bize bakıyor. Kalktı, elinde rakısı geldi. Biz hazırız "Oturabilir miyim?" diyecek, biz de "Kusura bakmayın ailevi." falan diyeceğiz.

Durdu... "Arkadaşlar, cennet bile yalnız çekilmezmiş." dedi.

Biz birbirimize baktık ve "Buyur ağabey." dedik.

O akşam o tanımadığımız amca bize harika ve ilginç hayat hikâyeleri anlattı.

Doğru, cennet bile yalnız çekilmezmiş. Etrafınızdan öğreneceğiniz çok şey var, yeter ki anlamak için dinleyin.

Ansızın kaybolan çiçekleri ve sessizliği dinleyin. Münir Nurettin'i, taş plakları, şehirlerarası yollarda ürün toplayan köylüleri, dağlardaki avcıları, bir karış boylu çocukları, annenizin yaptığı yemeğin tenceresinden gelen tıkırtıları, sualtını dinleyin. Çok şey öğreneceksiniz.

Dünyada sadece bir çift kalan nadir bir orangutan türünün erkeği ölmüş. Bu ender hayvanın üreme ihtimali sıfır, bu yüzden soyu tükenecek. Ne yapalım diye düşünmüşler; kurullar toplanmış, çözüm yok. Kuruldaki bir Türk bilim adamı şöyle demiş: "Bizim memlekette bir İsmet Ağabey var, söylemesi ayıptır aynen bu orangutana benziyor, hatta biraz daha kıllıdır, ondan rica edebiliriz, 100 - 200 dolar da ödül verirsek bu işi yapar ve orangutanların soyunu kurtarır herhâlde" demiş.

Bakmışlar başka çare yok, İsmet Ağabey'e gitmişler ve durumun önemini, yapacağı hizmetin büyüklüğünü anlatmışlar, bir de "Karşılığında 100 dolar söz konusu" demişler. İsmet Ağabey düşünmüş ve "Olur ama üç şartım var." demiş.

Herkes sevinç ve merakla "Ne?" diye sormuş.

"1 - Öpüşmem,

2 - Yavru erkek olursa rahmetli babamın adını koyarsınız,

3 - 100 dolar çok, en fazla 50 dolar veririm"!

Anlamak için dinlemelisiniz, dinlemek için dinlemeyin.

Dinleme ve konuşma Şarklı ve Garblıyı[14] en çok ayıran konulardandır. İkisi tanıştıklarında Şarklı, Garblının ilk on saniyede adını öğrenir, altı ay hayatıyla ilgili hiçbir şey öğrenemezmiş. Garblıysa Şarklının ilk on saniyede hayatını öğrenir, altı ay ismini öğrenemezmiş.

Etrafınızı dinleyin; üç yaşındaki kızınızı, eşinizi, eski zaman hikâyelerini, babaannenizin size yüzüncü defa anlattığı çocukluğunuzu, gökte uçan kuşları, ansızın kaybolan çiçekleri ve sessizliği dinleyin. Münir Nurettin'i, taş plakları, şehirlerarası yollarda ürün toplayan köylüleri, dağlardaki avcıları, bir karış boylu çocukları, annenizin yaptığı yemeğin tenceresinden gelen tıkırtıları, sualtını dinleyin. Çok şey öğreneceksiniz.

Yumun ağzınızı; açın gözünüzü.

---

[14] Doğulu ve Batılı.

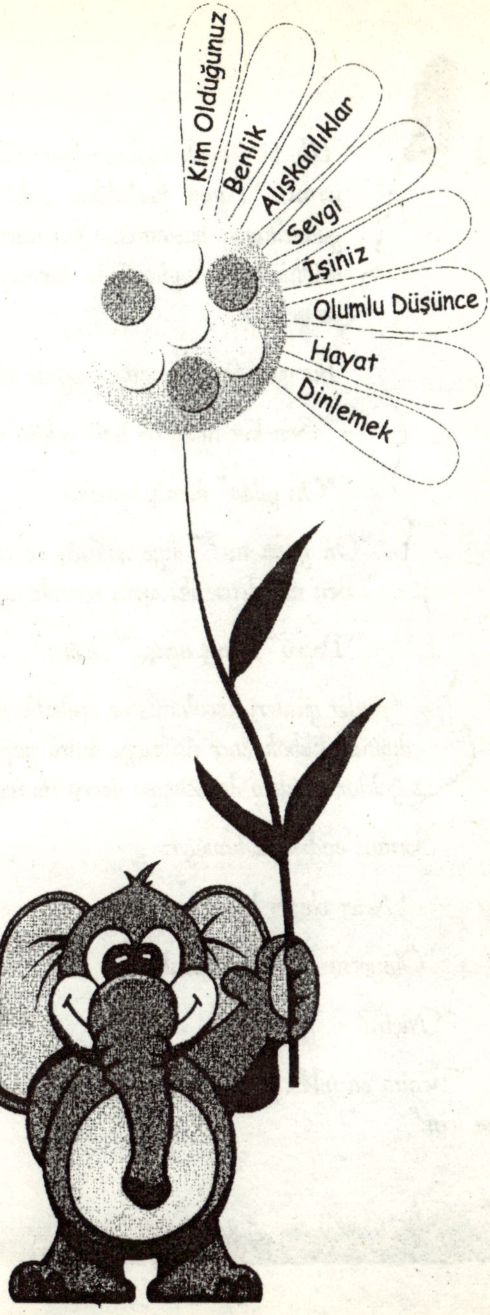
Kim Olduğunuz
Benlik
Alışkanlıklar
Sevgi
İşiniz
Olumlu Düşünce
Hayat
Dinlemek

Ulu bir kavak ağacının yanında bir kabak filizi boy göstermiş. Bahar ilerledikçe bitki kavak ağacına sarılarak yükselmeye başlamış. Yağmurların ve güneşin etkisiyle müthiş hızla büyümüş ve neredeyse kavak ağacıyla aynı boya gelmiş.

Bir gün dayanamayıp sormuş kavağa:

- "Sen kaç ayda bu hâle geldin ağaç?"

- "On yılda" demiş kavak.

"On yılda mı?" diye gülmüş ve çiçeklerini sallamış kabak. "Ben neredeyse iki ayda seninle aynı boya geldim bak!"

- "Doğru" demiş ağaç, "Doğru."

Günler günleri kovalamış ve sonbaharın ilk rüzgârları başladığında kabak önce üşümeye sonra yapraklarını düşürmeye, soğuklar arttıkça da aşağıya doğru inmeye başlamış.

Sormuş endişeyle kavağa:

- "Neler oluyor bana ağaç?"

- "Ölüyorsun." demiş kavak.

- "Niçin?"

- "Benim on yılda geldiğim yere, iki ayda gelmeye çalıştığın için."

"Hayat bisiklete binmek gibidir, pedalı çevirmeye devam ettiğiniz sürece düşmezsiniz."

Claude Pepper

IX. KAPI

MÜCADELE ÜZERİNE

Ortaokul son sınıftayım. Babam Çankırı'da görevli, subay lojmanlarında oturuyoruz. Tüm arkadaşlarımın bisikleti var, bir benim yok. Sınıfı da geçtik... Babama gittim, "Bana bir bisiklet alır mısınız?" dedim.

"Çalış kendin al." cevabını aldım. "Nasıl?" Beni aldı, Çankırı'nın göbeğinde herkesin gülüşüyle tanıdığı "Neşeli" diye bir manav vardı, ona götürdü. Bir kasa limon aldı, bana verdi, "Borcun şu kadar, bir ay sonra ödersin." dedi. Kişiliğe bak; biz bisiklet istiyoruz, babamız limon kasası alıp veriyor. Çok hırslandım ve sinirlendim. Ertesi gün çarşamba sabahı erkenden Çankırı pazarına gidip limon kasamı koydum ve satışa başladım. Lojmandan tanıdığım teyzeler geçiyor, arkadaşlarımın anneleri, kıpkırmızı oluyorum. Bir süre sonra olayı duyan arkadaşlarım tezgâhın başına doluştular. Ayaklarda Nike'lar, Adidas ayakkabılar, havalı kotlar... Ben güneş altında limon satıyorum, karizma falan kalmadı. "Oğlum çok zevkli", "Hadi yaa?" Sonraki hafta arkadaşlarım ellerine benim limonlardan onar tane alıp pazarı dolaşmaya başladılar. Bu arada ben rüyalarımda ve gündüzlerimde babama karakter atıyorum.

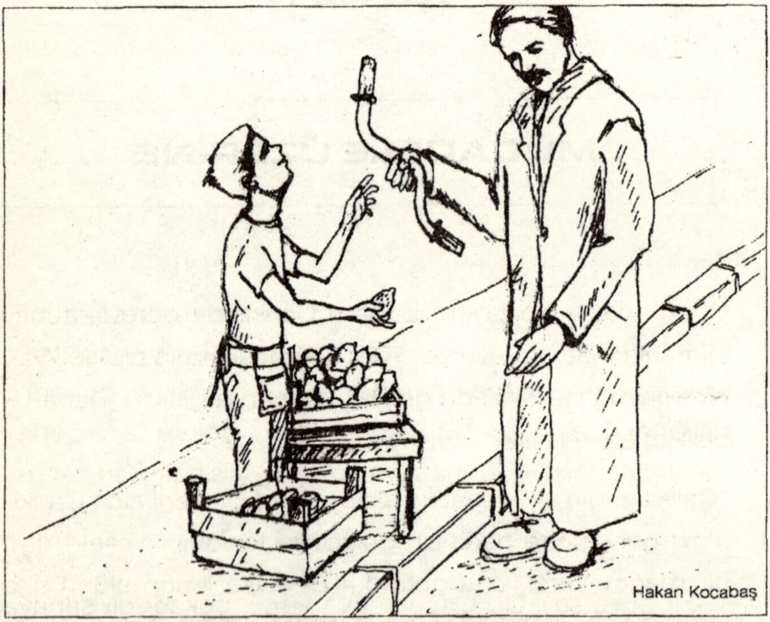

İki ay sonra biriktirdiğim paralarla babamın kitap okuduğu odaya girdim, parayı masanın üzerine bıraktım "Git bana bisiklet al!" dedim ve çıktım. Türk filmlerinden çalışılmış bir sahne. Nasıl gurur, nasıl gurur!.. Babam bana bal renkli, vitesli Polo marka harika bir bisiklet aldı. Yıllar sonra benim babamın önüne koyduğum parayla bırakın bisikleti, o bisikletin pedalını alamayacağımı fark ettim. Bana belli etmeden paranın ve çabanın değerini öğretmişti. Babasından aldığı harçlıklarla büyüyen bir çocuk olsaydım bugün sahip olduğum mücadele ruhunun çok ufak bir bölümüne bile ulaşamayacaktım. O günden sonra bir daha babamdan para istemedim, "Yine bir şeyler sattırır." diye değil. Yıllar sonra kendi şirketimi kurarken ihtiyacım olduğunu hissettiklerinde annem ve babam arabaları da dâhil neleri varsa zorla verdiler.

Çocuğunuza verebileceğiniz en iyi armağan iyi bir örnektir (bkz. sayfa 94).

Bir seminerimde orta yaşlı bir anne söz istedi. "Sizin birçok sektöre danışmanlık yaptığınızı biliyorum, kızım liseyi bitirmek üzere, onu hangi bölüme ve mesleğe yönlendireyim, geleceği hangi sektörde ve meslekte görüyorsunuz?" diye sordu.

"Hanımefendi çocuğunuzu bir mesleğe, bölüme falan yönlendirmeyin. Sadece mücadele ruhu kazandırın, gerisini o halleder." dedim. "Mücadele ruhu yoksa en parlak mesleğe sahip olsun bir süre sonra karşısına çıkan zorluklardan yılacaktır."

Bir mafya babası oğluna mektup yazar ve der ki: "Oğlum, iyi bir boks seyircisi olacağına, kötü bir boksör ol, sahaya in ve dayak ye." Hayatı seyretmek yerine sahaya in ve savaş.

Üniversitelerde, okullarda önce dersleri alırsınız, sonra sı-

"Mücadele ruhu yoksa en parlak mesleğe sahip olsun bir süre sonra karşısına çıkan zorluklardan yılacaktır."

nav olursunuz. Gerçek hayatta ise tam tersidir; önce sınav olursunuz sonra ders alırsınız. Hem zekilerin hem de aptalların başarısızlıkları vardır, zekilerin farkı, ders almalarıdır.

Dünyaya bir daha geleceksiniz; fakat bu sefer bir meyve veya sebze olmanız gerekiyor. Ne olurdunuz? Niçin? Lütfen bunu düşünün ve cevabı vermeden okumaya devam etmeyin.

Bunu bana bir radyo programında sevgili arkadaşım Cengiz Alkış[15] sormuştu, ben de ona sordum: "Sen ne olurdun?" diye "Domates" dedi. "Niçin?" diye sorduğumda "Dünyaya gelince nasıl olsa birileri üzerime basar, o zaman hayata salça olarak devam ederim." dedi (olayı "Ben de üzüm olurdum, şaraba dönüşürüm.", "Ben dut olayım pestili harika olur." boyutuna getirmeyin lütfen).

Mutlaka birileri bir yerde üzerinize basacaktır. O zaman ayağa kalkıp kalkamayacağınız önemli.

Aranızda hayatında hiç başarısızlığı olmayan birisi var mı? Cevabınızı duyar gibiyim: "Yook" (benim okur kitlem sizin de gördüğünüz gibi hayatın sillesini yemiş insanlardan oluşuyor).

Hepimizin hayatında başarısızlıklar var. Önemli olan başarısızlık sonrası mücadele ruhuyla hayata devam etmek.

---

[15] Cengiz ALKIŞ'ın "26. Kilometre" isimli bir kitabı var, harika, mutlaka okuyun.

İş hayatında A noktasından B noktasına aşağıdaki gibi gidemezsiniz.

A noktasından B noktasına giderken yükselirsiniz. Bazen düşersiniz, bazen dersiniz ki "Ben olduğum yerde dönüp duruyorum galiba." Bir bakarsınız B noktasına gelmişsiniz, eğer aşağıdaki gibi gelmişseniz bu bir başarı, hiç pürüzsüz gitmişseniz (politikacılar, rüşvet, torpil sayesinde), onun mutlaka bir düşüşü vardır.

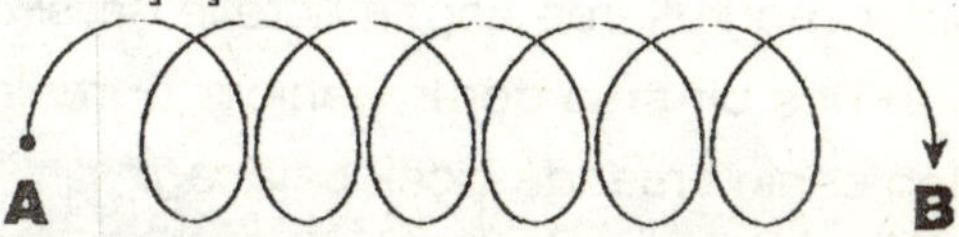

Ben etrafımda başarıya asansörle çıkmış hiç kimse görmedim, mutlaka merdivenlerden çıkmak zorundasınız.

Size Ahmet Ergüneş'in hayatından kısaca bahsetmek istiyorum. Üniversiteyi 1975'te bitirmesi gerekirken Ankara'da okuduğu okuldan terör yüzünden ayrılır. İstanbul Teknik Üniversitesi'ne gelir, orada da terörden dolayı okuyamaz. Tekrar Ankara Siyasal Bilgiler'e gider ve hayata beş yıl sonra başlayabilir. Birçoğu için bu başarısızlık veya intihar sebebi olabilir. Ahmet Ergüneş hiç sızlanmaz ve bir bankada işe başlar. 1987'de Yapı Kredi'nin Genel Müdür Yardımcısı olur, 1993'te de Pamukbank Genel Müdür Yardımcısı. Daha sonra da başarılı bir kariyeri sürdürür. Eminim babası Muhittin Bey, "Oğlum sen şu okulu oku, şu

Okullarda önce dersleri alırsınız, sonra sınav olursunuz. Gerçek hayatta ise tam tersidir. Önce sınav olursunuz sonra ders alırsınız.

Ben etrafımda başarıya asansörle çıkmış hiç kimse görmedim, mutlaka merdivenlerden çıkmak zorundasınız.

bankaya gir." dememiştir; ama onu hayat boyu ayakta tutacak bir mücadele ruhunu oğluna aşılamıştır.

Ahmet Erzurumlu ilkokul mezunu bir manavdır. Çok çalışır, işini büyütür, hatta ihracata başlar. Bir seferinde işler planladığı gibi gitmez. Elindeki tüm soğanları kamyon kamyon çöpe atmak zorunda kalır ve iflas eder. Eşi onu terk eder. Gider marketlerde asgari ücretle çalışır. Bir gün yolda yürürken boş bir arsa görür, sahibini öğrenir. "Arkadaş" der, "Ben senin arsanda çiçek satacağım.", "Git sat." der arsa sahibi. Para da istemez. Ahmet Erzurumlu sıfır sermayeyle orada çalışmaya başlar ve hayatını boş bir arsa üzerine kurar. Üzerinde isim falan yok; küçük bir arsa, birçok çiçek... Hayatını oradan kazanıyor. Koca saksıları taşıyor ve yüzünde gülümseme "İleride daha da iyi olacak Şerif Hocam." diyor, "İleride daha da iyi olacak..." Ahmet Erzurumlu'nun çiçekçisini açtığı arsa ODTÜ'nün arka çıkışından 500 metre ileride. Bir gün terasım için çiçek almaya gittiğimde tanıştım. Mücadele ruhu bana örnek oldu. Hâlâ bana, "Şerif Hocam, ülkenin kurtulması için ihracat yapmak lazım." der. Çiçek kokuları içinde çayımızı yudumlarız.

Televizyonlar, gazeteler size kolay kazanılmış pırıltılı hayatlar satıyorlar; ama ben size şunu söylemek istiyorum, bu sözümü hiç unutmayın:

"Bedava peynir sadece fare kapanında vardır."

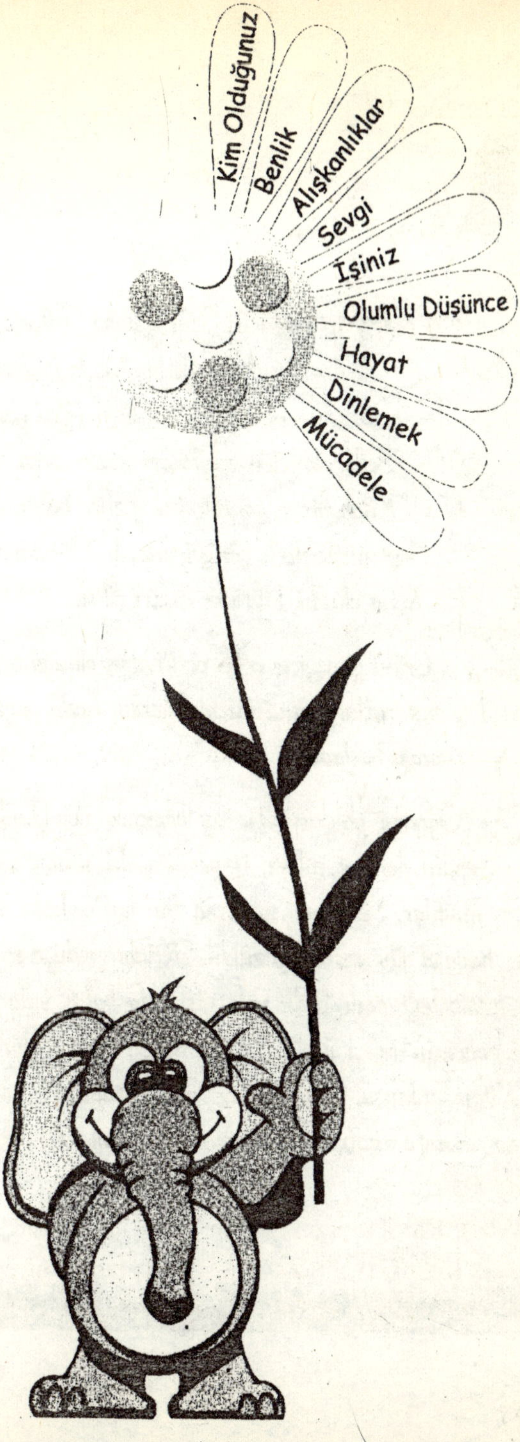
Kim Olduğunuz
Benlik
Alışkanlıklar
Sevgi
İşiniz
Olumlu Düşünce
Hayat
Dinlemek
Mücadele

Tıp öğrencisi Bursa'daki Bilge Kitabevi'nin raflarını karıştırırken aradığı kitabı bulduğuna sevindi. Kitabın arkasını çevirdiğinde gördüğü fiyat gülümsemesini dondurdu. Belli etmeden sayfaları hızla geçti, aradığı bölümü buldu. Kitabevinin sahiplerine gizlice baktı. İkisi dünyadan bihaber müşterilerle görüşüyorlardı. Öğretmeninin ödev verdiği yeri hızla okudu, bitirince dışarı çıktı.

Ertesi gün yine geldi ve kitabın olduğu bölmeye geçti. Allahtan raflar kendisini gizliyordu, hızla sayfayı buldu ve okumaya başladı.

Öğrenci yaklaşık bir ay boyunca iki günde bir kitabevine gidip dersine çalıştı, iş yerinin iki sahibi hiç farkına varmadılar. Bitirme sınavına bir hafta kala kitapçıya yine hayalet gibi sessizce süzüldü. Kitabın olduğu rafa geldiğinde kitabı bulamadı. Alt rafa, üst rafa baktı, bulamadı. Genç öğrencinin rengi attı. Belli etmeden tüm rafları inceledi. Kitap satılmıştı. Buz gibi bir renkle orayı terk ederken bir aydır ilk defa kitapçının iki sevimli sahibiyle göz göze geldi.

"Merhaba" dediler.

"Merhaba..."

"Oturmaz mısınız?"

Öğrenci sessizce kendisine gösterilen tabureye oturdu.

Kitapçı tezgâhın altına uzandı. Genç öğrencinin korku dolu bakışları altında kitabı çıkardı.

"Geçenlerde birisi geldi ve fiyatını sordu; alacak gibi göründü. Ben de raftan indirdim ve senin için sakladım. Buradan alıp okuyabilirsin." dedi.

Genç öğrenci, doktor çıktıktan sonra da Vural ve Mustafa Bey'i hiç unutmadı, fakir hastalarından hiç ücret almadı.

"Neyi hakir görürsün? İşte tam bununla tanınırsın."

Frank Herbert[16]

[16] HERBERT, Frank, "Dune: Çöl Gezegeni", Sarmal Yayınları, İstanbul, 1997

X. KAPI

İYİLİK ÜZERİNE

Afyon - Uşak arası şehirlerarası yol... Ayçiçeği zamanı... Eşimin ayçiçeği sevgisi yüzünden peşinden gitmediğimiz traktör, sahibini aramadığımız tarla kalmamıştır (tahmin ettiğiniz gibi olay doğa ve çiçek sevgisiyle ilgili değil, çiçeğe en ufak bir sevgisi yok, çekirdeklerini yiyor). Bir anda yakındaki tarlada çalışan bir aileyi gördük. Arabada yaklaşık beş saattir ayçiçeği çeşitleri, hangi renk tarlalarda hangi büyüklükte yetiştikleri, niçin lezzetli oldukları, yaprağı küçük olanların çekirdeklerinin büyük olabildiği gibi kesinlikle bilgiye değil de içgüdülere dayalı konuşmalar yapıldığı ve en az üç saat daha sürebileceği için ben durdum, inip tarlaya gittim. Tatlı bir aile... Hoşbeşten sonra durumun vehametini anlattım. Tarlanın sahibi "Ağabey bunlar iyi ayçiçeği değil, üşenmezsen bizim köye gidelim." dedi.

- Sizi işinizden alıkoymayayım?

- Olur mu ağabey?

Çocuğunu da aldı, arabaya doluştuk, kötü yollardan dört - beş kilometre ötedeki köye gittik, orada koca ayçiçeklerini arabanın bagajına doldurdu, "Dur." dediysek de dinlemedi. Para vermeye kalkışınca almadı. Neredeyse yalvardım, "Bak işini bıraktın, ürününü bize veriyorsun ne olur al şunu!" almadı. Kızımın topunu oğluna verdim, tarla sahibini tekrar tarlasına bıraktık. Helalleştik, birbirimizin adresini, telefonunu aldık. Bir saat kadar vakit geçirdik, içimiz sevgi ve enerjiyle doldu. O köye yine uğrayacağım ve Faruk Bey'e elim kolum dolu gideceğim, iyi ki bu ülkede böyle insanlar var.

Birilerini yaraladığınızda, öç aldığınızda rahatlamazsınız; öfkeyle dolarsınız. Bir iyilik yaptığınızda, huzuru ve mutluluğu, suya atılan taşın etrafındaki dalgalar gibi yayılır.

İyilikten kastettiğim akrabanıza, annenize, babanıza yaptığınız iyilikler değil. Hiç tanımadığınız, belki de bir daha hiç görmeyeceğiniz, sizi hiç tanımayan birilerine yaptığınız iyilikler; sizi daha bir insan yapar, var olma nedeninizi hissettirir.

En önemlisi kendinizi daha mutlu hissedersiniz, yani asıl iyiliği kendinize yaparsınız.

Bir gün bir iş toplantısı için ACADEMY'nin garajından çıktım; Selanik Caddesi'nde şirketin bulunduğu yerden aşağıya doğru döndüm, hafif yağışlı bir hava, yırtık pırtık kıyafetli yaşlı bir adam ağır metal bir arabayı yukarı itmeye çalışıyor, içi çöpten toplanmış maddelerle dolu. Toplantıya yirmi dakika var, ancak yetişirim, kafam karıştı. Bir anda aklıma bir gün onu taşımak zorunda kalacak kişinin babam da olabileceği geldi. Arabayı kenara çektim. Geçtim yanına, üstümde lacivert takım elbise, beraberce on dakikada arabayı Meşrutiyet'e kadar ittik. Bana yolda birşey söyledi: "Yıllardır bu arabayı bu yoldan iterim, kimse bana yardım etmez, herkes birbirinden utanır."

Cidden çok kalabalık bir yol ve tam piyasa mekânı... Raybanlı, Levi'slı, ciks gençler, saçlarını Tarkan gibi jölelerler... Bir tanesi bile o adama yardım etmemiş.

Bunu size "Ben şöyle iyi bir adamım." anlamında anlatmıyorum. Tek söylemek istediğim, varlık nedenimizi hep beraber kaybetmiş olmamız.

O gün toplantıya on dakika geç kaldım ama kendimi o akşam çok daha insan hissettim.

Artık bizim okuduğumuz iyilerin hep iyi, kötülerin hep kötü olduğu çizgi romanlar yok, herkes gri. Herkes rüzgârı bekliyor. Akşam Reha Muhtarlardan gelecek rüzgârları, beyaza ve siyaha dönüşmek için.

Özdemir Asaf "Bütün renkler aynı hızla kirleniyordu, birinciliği beyaza verdiler." der.

Bütün renklerin kirlendiği doğru.

Son yıllarda hiç yaşlı birini karşıdan karşıya geçiren bir çocuk ya da otobüste büyüğüne yer veren bir genç gördünüz mü? Göremezsiniz. Çünkü gençler birbirlerini "Hüp diye içlerine çekmeye" odaklanmış durumda.

Bir ara Ankara'da, yürüyerek bir yerden bir yere giderken gözleri görmeyen insanların koluna girmekten, gideceğim her yere geç kalır olmuştum.

Şimdi evden işe, işten eve o şansım olmuyor; ama onları Kızılay'da yalnız görünce kahroluyorum.

Budist felsefesine göre, her şey yok olur. Bir tabak kırıldığında sizin hanım çığlık atarak bütün gece kafanızı didiklerken, bir budist için olması gereken olmuştur, hiç üzülmez (lütfen bana "Nereden budist hanım bulabiliriz?" türü elektronik postalar göndermeyin).

Fransız bir kız tanımıştım, master yapmak için ailesinden para istemişti. Aile parayı vermişti; ama tek bir şartla: "Mirasından düşeriz." Bu tür bir felsefeyle büyümüş insanların fikirleri ve kitapları bizi anlamaz ve anlatmaz.

Bu felsefeden yola çıkarsanız böyle insanlar yetiştirirsiniz. Sevgisi az, birbirine karşılıksız iyilik yapmayan.

Bir gün berberim yanındakine "Sen binmeyeceğin eşeğe torba takmazsın." demişti.

"Para her kapıyı açar diyenlerin para için çalmayacakları kapı yoktur." der Sir George Saville.

Bir büyüğüne yer veren bir genç göremezsiniz. Çünkü gençler birbirlerini "Hüp diye içlerine çekmeye" odaklanmış durumda.

Her şeyin fiyatını bilen, ama hiçbir şeyin değerini bilmeyen insanlar olmaya başladık.

Rastgele iyilik yapın.

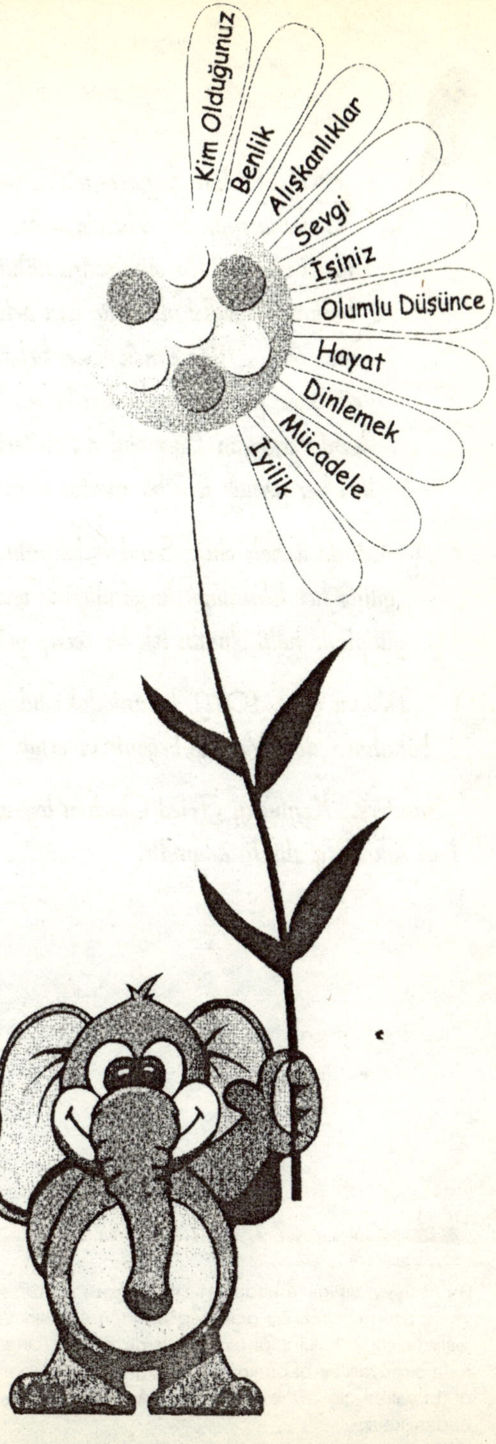
Kim Olduğunuz
Benlik
Alışkanlıklar
Sevgi
İşiniz
Olumlu Düşünce
Hayat
Dinlemek
Mücadele
İyilik

Emekli olan Sanders bütün parasıyla, eşiyle beraber yol kenarında bir lokanta açar. Kendine özel bir yemek tarifi vardır. Bir süre sonra hükümet yeni bir anayol yapar herkes bu yolu kullandığı için artık lokantalarına kimse gelmez olur. İflas etmek üzeredirler. Sanders eşine "Madem elimizde yemek tarifinden başka birşey yok, ben lokanta lokanta gezeyim. Eğer olur da birileri bu tarifi beğenirse, sattıkları her yemek için bir miktar para öderler." der.

Eşi de destek olur. Sanders lokanta lokanta gezmeye başlar, gittiği her lokantayı da günlüğüne yazar. Bininci lokantaya gittiğinde hâlâ olumlu tek bir cevap yoktur.

Devam eder. 1019. lokantadaki adam "Pişir bir tadına bakalım." der. Yemeği beğenir ve ortak işe başlarlar.

Sanders, Kentucky Fried Chicken logosunda gördüğünüz, keçi sakallı, gözlüklü adamdır.[17]

[17] Bu hikâyeyi sevgili arkadaşım Erhan Özallı anlatmıştı. Ne kadar doğru, ne kadar yanlış bilemezsiniz. Bir gıda kapitalinin, markasını sağlamlaştırmak ve sempatikleştirmek için kullandığı bir hikâye de olabilir. Urfa'da herkesin, maddi durumu fena olmayan bir babanın oğlu olduğunu bildiği İbrahim Tatlıses'in inşaat işçisi olduğu yalanı gibi. Yine de iyi bir hikâye. Firmanın adını çıkarın, aklınızda adamın çabası kalsın.

"İçinde hep en iyi ikinci olacağı inancını koruyanlar hep o işi en iyi ikinci yapan olurlar, birinci olarak değil."

D. J. Schwartz

XI. KAPI

İDEALLER ÜZERİNE

Kansas Üniversitesi'nde ilginç bir araştırma yürütülür[18]. Öğrencilere boş kâğıtlar verilir, hedeflerini yazmaları istenir, isterlerse kâğıtları boş da verebilecekleri söylenir. Öğrenciler gelecek hedeflerini yazdıktan sonra kâğıtlar zarflara konur ve on yıl boyunca saklanır. On yıl sonra zarflar açılır, öğrencilerin ne iş yaptıklarına bakılır ve çok ilginç bir sonuç görülür: Dersleri pek de iyi olmayan, ama kâğıtlara hedeflerini yazan öğrenciler çok başarılıdır. Öte yanda ders başarı-

[18] ALDER, Harry, "NLP, Sinir Dili Programlaması", Sistem Yayınları, İstanbul, 1997.

ları yüksek olan, ama hedeflerini yazmayan öğrencilerin iş hayatında hiç de başarılı olmadıkları saptanır.

Washington Irving, "Sıradan insanların hevesleri, büyük insanların ise idealleri vardır." der.

Gelecek için bir hedef belirler ve çabanızı o yolda gösterirseniz, çabanız değerli olmaya başlar. Hayatın amacını kaybetmek hayatın kendisini kaybetmekten daha acıdır. İntihar eden insanların hepsinin tek bir nedeni vardır: "Hayatın amacını kaybetmişlerdir." İntihar, görüp görebileceğiniz en gerçek, dürüst ve acı özeleştiridir.

Filmlerde gördüğünüz, haberi komutanlarına ulaştırıp son nefesini veren askerler gerçektir. Ölmek üzere olan asker hayatının son amacına ulaştıktan sonra kendini bırakır (Türk filmlerinde katilin ismini söylemeden bir saniye önce kafalarını hızla sağa sola atıp patır patır ölen maktullere ise inanmayın).

Temel'e "Hani sen genç ve güzel bir dulla evlenecektin ne oldu?" diye sormuşlar. "Kocasının ölmesini pekleyrum." demiş.

İdealleriniz gerçekleşmiyorsa gerçeklerinizi idealleştirebilirsiniz. Hepimizin kapasitesi ve becerileri belirlidir, bunun dışına çıktığımızda havuç peşinde ömür tüketen değirmen eşeğine döneriz.

Burada kastettiğim, etrafınızda gördüğünüz, önce ateş edip tutturduğuna hedef diyen insanlardan olmanız değil.

İdealleriniz gerçekleşmiyorsa gerçeklerinizi idealleştirebilirsiniz.

Doğru zaman, doğru yer ve doğru kişi hep bir arada olmalı. Formülde bir eksiklik olduğunda hedef hiç tutmaz. Aslında doğru kişi olduğunuzda, zamanı geldiğinde doğru yeri mutlaka bulursunuz.

Dikkat edin, çok güzel olaylar hiç beklemediğiniz anlarda gerçekleşir.

Bill Gates diyor ki: "Hayatta karşınıza çıkan fırsatları sakın değerlendirmeyin, sadece iyi olduğunuz konuda çalışın." "Bunu diyen herif Türkiye'de hayatta tutturamaz ağabey, nerede fırsat var dalacaksın oraya." diye düşünen ve yaşayan bir grup var Türkiye'de. Bunlar önce topluca cep telefonu dükkânı açtı, sonra hepsi "İnternet işinde iyi para var." deyip internet cafeler açtılar. (Bir Birleşmiş Milletler eğitim projesi için Van'a gittim. Şehirde bir internet cafe... İçeride hiç bilgisayar yok! Geri döndüm ve tekrar baktım, tahta kabinlerle bilgisayarları ayırmışlar... İnternet, niyet net!) Yakında yeni bir fırsat hissedecekler, toplu olarak o işe girecekler, yani rüzgâr nereye eserse oraya. Oysa teknenin nereye gideceğini, rüzgârın nereden estiği değil, sizin yelkeninizi ne yöne açtığınız belirler.

Dikkat edin, çok güzel olaylar hiç beklemediğiniz anlarda gerçekleşir.

Aksi takdirde rüzgâr nereden eserse oraya savrulursunuz.

Bu bölümü yazarken ben ne mi öğrendim?

1. Şimdi boş bir kâğıt alıp uzun uzun gelecekteki hedeflerimi yazacağım ve sonra bir kenara kaldırıp her yıl tekrar tekrar kontrol edeceğim "Acaba doğru yolda ilerliyor muyum?" diye. Bu en azından "Hayır" demek gerektiğinde diyemediklerimizin sayısını azaltacaktır.

2. Çoğumuz yüzüncü lokantada bırakırdık. Yüz ellinci lokantada bırakanlar olurdu; belki bir kişi bininci lokantaya gider ve öyle bırakırdı; oysa 1019. lokantaya gidenler ba-

şarıyor. Hedef koyduğumda, en azından 1019 defa deneyeceğim.

İnanç, görünmeyene inanmaktır. Görünmeyene inanırsanız, başkalarının görmediklerini görürsünüz.

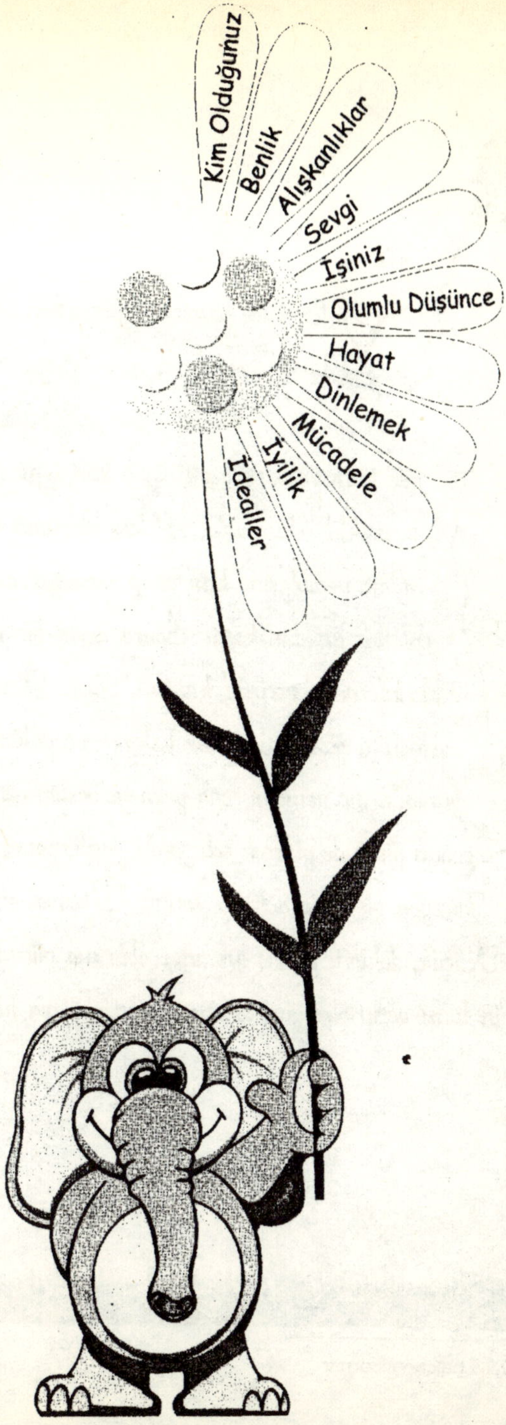

Kim Olduğunuz
Benlik
Alışkanlıklar
Sevgi
İşiniz
Olumlu Düşünce
Hayat
Dinlemek
Mücadele
İyilik
İdealler

Yıllar önce hastanede çalışırken ağır hasta bir kız getirdiler. Tek yaşam şansı beş yaşındaki kardeşinden acil kan nakli idi. Küçük oğlan aynı hastalıktan mucizevi şekilde kurtulmuş ve kanında o hastalığın mikroplarını yok eden bağışıklık oluşmuştu. Doktor durumu beş yaşındaki oğlana anlattı ve ablasına kan verip vermeyeceğini sordu. Küçük çocuk bir an duraksadı. Sonra derin bir nefes aldı ve "Eğer kurtulacaksa veririm kanımı." dedi. Kan nakli ilerlerken, ablasının gözlerinin içine bakıyor ve gülümsüyordu. Kızın yanaklarına yeniden renk gelmeye başlamıştı; ama küçük çocuğun yüzü de giderek soluyordu. Gülümsemesi de yok oldu. Titreyen bir sesle doktora sordu: "Hemen mi öleceğim?" Küçük, doktoru yanlış anlamış, ablasına vücudundaki bütün kanı verip öleceğini sanmış, buna rağmen kanını vermişti.[19]

[19] www.balcanet.com.tr

"Zirvede kartallar da bulunur, yılanlar da. Ancak birisi oraya süzülerek birisi sürünerek gelmiştir. Önemli olan nereye gelmiş olduğunuzdan çok nereden ve nasıl geldiğinizdir."

Cenap Şahabettin

XII. KAPI

HIRS ÜZERİNE

Amerikalılar NLP diye bir şey pazarladılar dünyaya, başarı ve başarmak odaklı. Bütün filmleri de ona dayalıdır ya; en sonunda ana karakter başarır, seyreden herkese özgüven gelir. Göstergelerle yaşatırlar sizi. NLP'nin temelinde "modelling" diye yapay bir de kavram var; başarılı birini örnek alıyorsunuz ve onun yaptıklarını "model" alarak davranıyorsunuz.

Bu benim çok sahte bulduğum bir uygulama. Bir de bunu maymunluk düzeyine getirenler olabilir. Yakın çevresindekiler ikaz etmiyor olabilir, ama etrafındaki insanların hepsi dalga geçerler. Onlarca kişi, onun hakkında "Hocam, bakın attığınız her adımı maymun gibi taklit ediyor, hiç utanmıyor mu?" der.

Benim için tek başarı etrafımda gördüğüm mutluluk. Öyle bir başarım var ki fikirlerimi alıp, seminerlerimi izleyip alıntı yapmadan beni taklit eden üç - dört kişinin ulaşamayacağı bir başarı.

Dünya tatlısı bir eşim, bıcır bıcır bir kızım, çok sevdiğim bir ailem, can dostlarım, bana gönülden bağlı ekip arkadaşlarım var.

Benim için başka bir başarı yok. Bir başkasının televizyona çıkmaktan duyduğu hazzın on katını ben kızımla, eşimle bomboş bir sahilde, kurumuş keçiboynuzu dallarından yaktığımız ateşte, avladığım balıkları pişirirken yaşarım.

Kimseyle de bir yarışım yok. Kendi çizgimde mutlu mesut üretiyorum.

Etrafınızda adamlar vardır; kurnazdırlar, kendilerine üstlerine basarak yükselecekleri insanlar bulurlar. Ortaklarını kandırıp oradan oraya atlarlar. Tek hedefleri ünlü olmak, tanınmak ve paradır. Kaşlarının altından hırs fışkırır. Bir tek onu saklayamazlar.

Lütfen şu sözümü hep hatırlayın:

Geleceğinizi belirlemek konusunda karakteriniz zekânızdan her zaman daha önemlidir.

Etrafınızda adamlar vardır, sizden para aldıkları sürece, bir çıkarları olduğu sürece sizin can dostunuzdurlar. Fikirlerinizi alkışlar, sizi çok beğenirler, çıkarları bittiği gün 180° değişirler.

Kendiniz olun.

Kendinizde iyi kalpli, iç huzuru olan, etrafını seven birisi olsun.

Size "başarı, başarı" diye pazarlamaya çalıştıklarının ne olduğunun farkında olun.

Aynı işyerinde çalıştığım Batılıların çoğu alkolikti. Yurt dışına yönetim kurulu başkanı olarak gittiğim şirket adına görüşmeler yaptığım Batılılar, toplantı aralarında, iş bitiminde içkiye sarılıyorlardı. Bana "Bizimle sizin aranızdaki belirgin fark ne?" diye sordu birisi. "Planlama, organizasyon gücü" falan diyeceğimi düşünüyordu, ben başka bir şey söyledim.

"Sizin aranızda bir yarış[20] var. Biriniz yanlışlıkla düşse ötekiler üstüne basar ve geçer gider. Bizde öyle değildir, üzerinize basıp geçen olmaz, aksine durup ayağa kaldırmak isteyen çok olur." Bunu söylerken, İstanbul'dan başlayan benzeri bir yarışma kültürü ve koşunun aynen bize yansıdığını bilerek ve biraz da için için sıkılarak söylüyordum. Anadolu'nun o ferah ve içten yüzünün engellenemez bir propaganda ve globalleşmeyle yok olmaya başladığı kesin, ama onlar, hepimiz tüketici olmadan ve başarıyı, "tüketmek" olarak algılamaya başlamadan savaşı kazanmayacaklar.

[20] Batılılar bunu "rat race" fare yarışı diye adlandırıyor, korkunç bir koşuşturmaca.

O yüzden bir İngiliz'le ayak üstü konuşun; kaç kravatı, kaç gömleği olduğunu anlatır. Amerikalılar inanamayacağınız bir şekilde devamlı bir önceki gün yaptıkları alışverişleri anlatırlar birbirlerine ve size de sorarlar "Sen dün ne aldın?" diye. Tüketmeyi var olmak olarak öğrettiler onlara. Şimdi de bize öğretiyorlar.

Hollywood, hep en sonda başaran birilerini ve tüketimi pompalar size.

Emerson diyor ki: "Dualarınıza dikkat edin, gerçekleşebilirler."

Başarı, istediğinizi elde etmenizdir,

Mutluluk ise, elde ettiğinizi istemeniz.

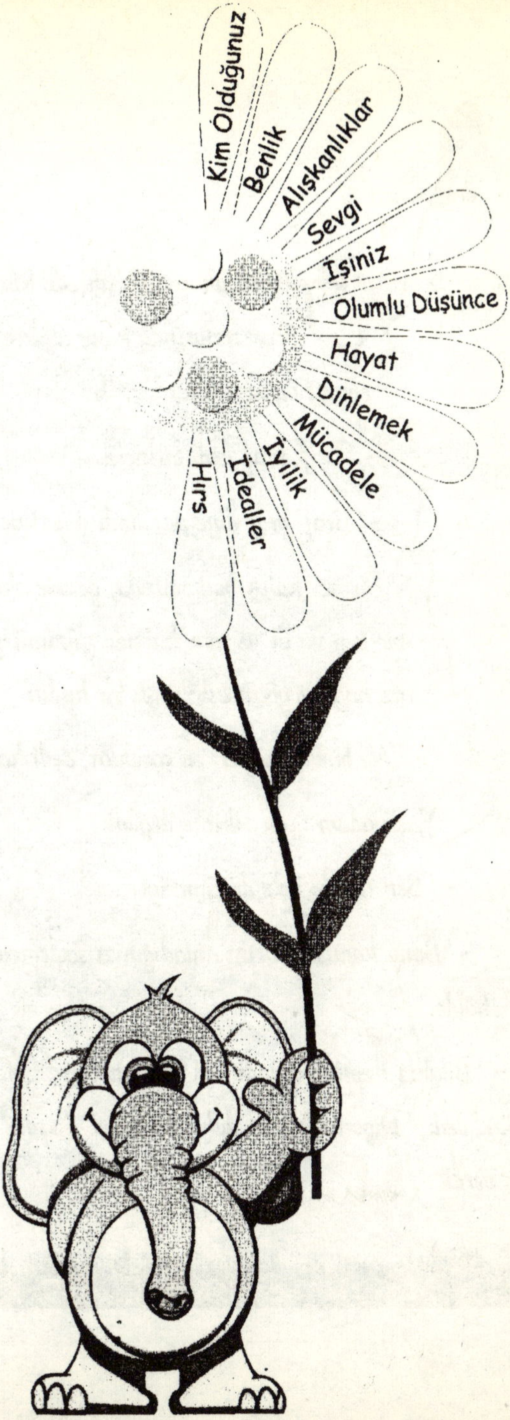

Kim Olduğunuz
Benlik
Alışkanlıklar
Sevgi
İşiniz
Olumlu Düşünce
Hayat
Dinlemek
Mücadele
İyilik
İdealler
Hırs

İki küçük çocuk bahçede kimsenin anlamayacağı, sadece aralarında konuşabilecekleri özel bir dili keşfetme oyunu oynuyorlardı keyifle.

- Brif, braf dedi birincisi.

- Braf, brof diye yanıtladı diğeri ve gülmekten kırıldılar.

Birinci katın balkonunda, gazete okuyan halim selim yaşlı bir bey vardı ve tam karşıda yüzünü pencereye dayamış, biraz huysuz görünüşlü yaşlı bir kadın.

- Ne budala şeyler, şu çocuklar, dedi kadın.

Yaşlı adam aynı fikirde değildi:

- Ben hiç de öyle düşünmüyorum.

- Bana konuştuklarını anladığınızı söylemeyeceksiniz herhâlde.

- Bilakis hepsini anladım. Çocuğun biri "Ne güzel bir gün." dedi. Diğeri "Yarın daha da güzel olacak." diye cevap verdi.

Kadın burnunu kıvırdı, ama karşılık vermedi çünkü tam o anda çocuklar tekrar oyunlarına başlamışlardı.

- Maraski, barabaski, pippirimoski, dedi biri.

- Bruf, diye yanıtladı öteki ve katılırcasına güldüler yeniden.

- Şimdi de anladınız mı yoksa ne konuştuklarını, dedi kadın öfkeyle.

- Evet tabii ki anladım, diye yanıt verdi adam gülümseyerek. Birincisi "İyi ki hayattayız.", ikincisi de "Hayat bir harika." dedi.

- "Gerçekten de harika mı?" diye sordu kadın ısrarla.

- Brif, bruf, braf oldu adamın yanıtı.[21]

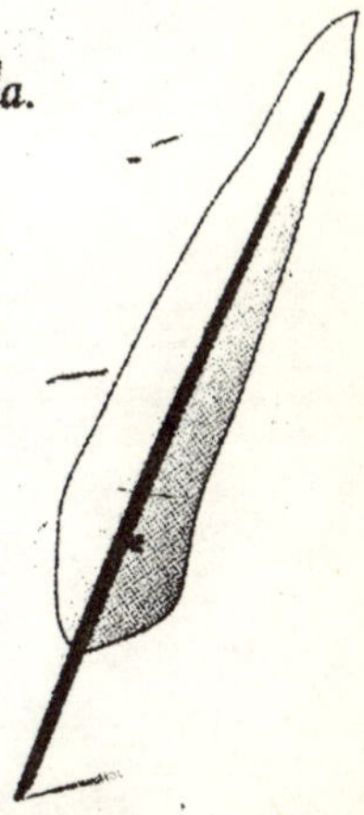

[21] RODARİ, Gianni, Çeviren: Ayşen Onaran, Edebiyat Çeviri Dergisi. Bursa TÖMER Yayınları, Bursa, 1994.

"Hiçbir zaman gülümsemekten vazgeçme, üzgün olduğunda bile. Gülümsemene kimin ne zaman âşık olacağını bilemezsin."

Gabriel Garcia Marquez

XIII. KAPI

GÜLÜMSEMEK ÜZERİNE

Birleşmiş Milletler'in Orta Avrupa yöneticilerine bir eğitim veriyorum. Sınıfta dünyanın birçok yerinden gelmiş insanlar var. Eski Sovyet Cumhuriyetlerinden gelen birkaç yaşlı yönetici İngilizceyi çok az düzeyde bildikleri için otelin salonunda iki de çevirmen, kabinde görev yapıyorlar. Hepimizde kulaklıklar, ben İngilizce anlatıyorum çevirmen Rusçaya çeviriyor. Beşinci gün bir uygulama için katılımcılar sırayla ayakta bana hazırlıklarını anlatıyorlar, ben de onlara not veriyorum. Ermenistan'dan gelen bir yöneticiye sıra geldi, bana gülerek bir şeyler anlatmaya başladı, ben de onu dinliyorum ve kik kik gülüyorum. Beşinci gün... Yaklaşık otuz saatin sonu... Çok komik şeyler söylüyor. Sonra birden fark ettim ki kulaklığım kulağımda değil ve konuşmacı Rusça konuşuyor. Sonra hep beraber daha fazla güldük. Çok ilginç bir şey fark ettim, hiç bir şey anlayamamama rağmen, onun ağız dolu gülümsemesi beni de güldürmüştü.

Gülümsemek böyle bir şeydir işte: Taşı suya attığınızda yayılan dalgalar gibi, yüzden yüze yayılır.

Gülümsemek size de iç huzuru getirir. Beyin vücut kaslarının hareketlerini takip eder ve hormon dengesini değiştirir.[22] Örneğin, sakız çiğnediğinizde, beyin bir şey yediğinizi zannedip mideye asit salgılaması için komut gönderir. Gülümsediğinizde ise mutluluk hormonu salgılar. En mutsuz anınızda gülümseyin, rahatladığınızı görürsünüz.

Gülümsemek iletişime değer katar.

Kendinize gülümsemediğinizde, kimseyle beraber gülemezsiniz. Kendinize gülmediğinizde, herkes size güler.

Bölüğe yeni yüzbaşı gelmiş, daha kendi gelmeden ünü gelmiş: "Çok takıntılı adamdır, dikkat edin!"

Bölük komutanı askerleri toplamış.

"Adım Ahmet KIRÇ, soyadımdaki "R"yi unutanı yakarım!". Herkes stres içinde. Beş gün sonra bir askeri çağırmış.

---

[22] DIAMOND, John, "Bedenimiz Yalan Söylemez", Dharma Yayınları, İstanbul, 1995.

"Söyle, ne benim adım soyadım?" Asker titremiş ve kekelemiş:

"Ahmet GÖRT!"

Kendisiyle barışık olmayan insanlar dünyaya gülümsemezler.

Ne kadar asık yüzlüyüz, birbirimize ne kadar az gülüyoruz ve ne kadar az "Merhaba" diyoruz dikkat ettiniz mi? Sakın bana ekonomik kriz, hayat pahalılığı falan demeyin. Çünkü bunları, işsiz kalanları, ne yaşadıklarını ben zaten çok yakından ve içtenlikle biliyorum. Ekonomik kriz yokken de biz birbirimize gülümsemiyorduk. Köylerde, şehirlerdekinden çok daha kötü şartlarda yaşayan insanlar sizi gördüklerinde "Selamünaleyküm" der ve gülümser, biz şehirde birbirimize "Merhaba" demeyiz. İnşallah bu davranış köyden kente yayılır, bence ne yazık ki kentten köye yayılacak.

Denizli'nin Moran Köyü'ne gidin ve insanların, hiç tanımadıkları insanlara nasıl gülümsediklerini ve yardımcı olduklarını görün.

Bu kültürel bir alışkanlık; aynı asansöre binip birbirine "Merhaba, iyi günler" demek ve gülümsemek ya da yollarda, daracık bir koridorda göz göze gelmeden geçmeye çalışmak. "Türk milletini nasıl tanırsınız?" diye size sorduklarında rahatlıkla şunu söyleyebilirsiniz: "Birbirimize gülümsemeyiz."

Eskiden oturduğum apartmanda bir akşam iş dönüşü asansöre bindim. Üç bekâr çocuk, büyük ihtimalle öğrenciler, ellerinde akşam için aldıkları nevaleler... Buz gibi bir ortam... Onlar, asansörde ben olduğum için konuşamıyorlar. Ben sert bir ifadeyle, "Akşama yemeğe sizdeyim." dedim. Bunlar, şok! Sonra ben gülümseyince kahkahayı bastılar, "Ağabey, Allah aşkına gel!" Bu keratalar bekâr diye kimse bunlara "Merhaba" demezmiş, bunlar potansiyel sapık ya! Gülüştük, fırsat bulup gidemedim; ama onlar da ben de asansörden daha mutlu, daha insan ayrıldık.

Kızımdan öğrendiklerim; çocukların yedi harikası:

☺ Her şeye kahkaha atabilirler, sizin kafanıza inen tencere onun için kahkaha kaynağıdır.

☺ İnanılmaz çabuk öğrenirler ve öğrenmeye çok açıktırlar. Kıbrıs'a geldikten iki hafta sonra 2 yaşındaki kızım "Baba oraşta bir gıccacık var, çorbacık içiyor gendini! Naapan?" dedi. Aşağıya inip Kıbrıslı dünya tatlısı komşularımız İlkay ve Aysel Hanım'a çevirttirdik.

☺ Arkadaşlarını çok severler, onlardan ayrılmamak için perdelere tutunmak dâhil her şeyi yaparlar.

☺ Akıllarında ne varsa söylerler, hiç içlerine atmazlar, çok doğrudan anlatırlar. Bir gün bizimki "Baba ben gazeteyle öpüştüm." diyerek çıktı geldi.

☺ Bir şeyi akıllarına koyduklarında alana kadar susmadan ağlayabilirler. Gece yatağınıza gelmek için bir buçuk saat ağlayabilecek bir bebek tanıyorum (benimki).

☺ Her zaman meşgul olabilecek bir şeyler bulurlar. Nedensiz mutlu olurlar; eline konan uğur böceği saatlerce onu mutlu eder ya da yemekte burnunuza fırlattığı yoğurt, her yoğurt gördüğünde ya da her burun gördüğünde onu gülümsetir, mutluluk kaynağı olur.

☺ Tükenmez bir enerjileri vardır; siz o günün yorgunluğuyla giyinmeye çalışırken o yatakta yüzlerce kez zıplayıp kahkaha atar ve "Babadan eşek yapalım." diye bağırır (bu, "Sırtına bineyim beni evde dolaştır, ben de 'deh deh' diyeyim." anlamına geliyor).[23]

"Ne gülüyorsun deli gibi" deriz ya; aslında psikolojik problemi olanların % 90'ı somurtur.

Aklınızda hiçbir şey yoksa gülümseyin, herkes "Ne düşünüyor?" diye merak eder. Gülümsemek zekâ belirtisidir.

Bugün, tanımadığınız insanlara "Merhaba" deyin.

Gülümseyin; dünya da sizinle birlikte gülümser.

Dünyanın en güzel görüntüsünü görmek mi istiyorsunuz? Geçin aynanın karşısına, koca bir elma dolusu gülümseyin ve "brif, braf, bruf." deyin.

---

[23] Bu yedi maddeyi yazarken bir yabancı yazardan esinlendim. 3 tane bulmuş Paulo Coelho, der ki: "Çocuklardan öğrenecek üç şey vardır: 1) Nedensiz yere mutlu olabilmek 2) Her zaman meşgul olabilecek bir şey bulmak, 3) Elde etmek istediği şey için tüm gücüyle savaşmak.

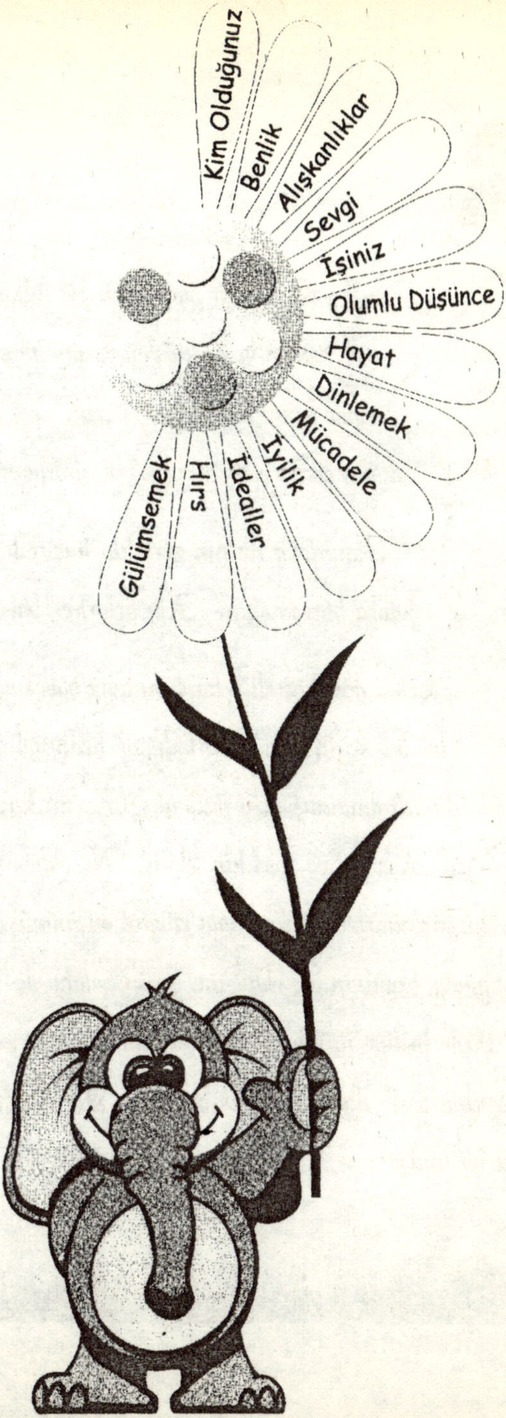
Kim Olduğunuz
Benlik
Alışkanlıklar
Sevgi
İşiniz
Olumlu Düşünce
Hayat
Dinlemek
Mücadele
İyilik
İdealler
Hırs
Gülümsemek

Yıllar, yıllar önce fakir bir aile varmış; kıt kanaat geçinen ve üç kişiden oluşan bir aile. Bir gün evin bahçesinde kızın altın renkli pahalı bir kâğıtla bir kutuyu kapladığını gören baba, kızına çok sinirlenmiş:

"Utanmıyor musun zorlukla kazandığım paraları böyle kâğıtlara harcamaya?" Kız ağlarken baba oradan uzaklaşmış.

Ertesi gün kız altın kaplı kutuyu babasına getirmiş ve "Baba bu senin için hazırladığım hediyeydi." dediğinde, baba dünkü davranışı için üzülmüş. Kızını kucağına almış, saçını okşamış ve teşekkür etmiş. Ne olduğunu anlamadan kızına sinirlendiği için hata ettiğini düşünmüş. Kutuyu açtığında, kutunun boş olduğunu görünce daha da sinirlenerek "Böyle hediye mi olur? Sen benimle alay mı ediyorsun? Bu kutu boş!" diyerek kızına bağırmış. Kızın gözlerinde yaşlar birikmiş:

"Baba o kutu boş değil ki! Dün gece sabaha kadar uyumadım ve içine öpücüklerimi üfledim. İçinde senin için yüzlerce öpücük var!" demiş. Baba allak bullak olmuş, kızından defalarca özür dileyip onu defalarca öpmüş.

O günden sonra altın kutu adamın hep baş ucunda durmuş. Ne zaman üzülse veya sıkılsa o altın renkli kutu ona hep güç vermiş.[24]

---

[24] Bu öykünün bana ulaşmasını sağlayan DPT'li dostlarım Asuman, Emel, Sema ve Pelin Hanımlara kucak dolusu teşekkürler.

İnsanları kitaplar gibi düşünün ve kapaklarına bakıp aldanmayın. Okumaya başlayınca değerini anlarsınız.

XIV. KAPI

DEĞER VERMEK ÜZERİNE

Biricik hissettirmek...

Bir eğitim programında Mehmet adlı bir öğrencime sordum "Türkiye'de kaç Mehmet var?" "Beş - altı milyon vardır." dedi. Diğer öğrencilere sordum, hepsi rakamlar söylediler: "Üç yüz bin, on milyon" vs. Bana sordular "Peki Hocam kaç tane var?"

"Bir tane" dedim öğrencilerime, "Bir tane Mehmet var."

İletişim bu temelden başlıyor işte: Karşınızdaki insana dünyada onun tek bir tane olduğunu hissettirmek. Eşinize, çocuğunuza, anne ve babanıza, iş arkadaşlarınıza onların sizin için biricik olduklarını hissettirebilmek... Bunu hissettiriyorsanız gerisi tamamdır.

Can Dündar bir yazısında "Bir tepsinin içinde beş top taşırız."[25] diyordu. "İşimiz, ailemiz, sağlığımız, dostluklarımız, benliğimiz. Bunlardan dördü cam, biri lastik toptur. Diğerleri düştüğünde kırılırlar. İşimiz ise lastik toptur kırılmaz, sadece zıplar."

İnsanlar biriciktir ve öyle olduklarını görmek isterler. Bunu dostlarınıza ve ailenize hissettiriyor musunuz?

Ben yaş günlerinde arkadaşlarımı mutlaka ararım. Bazen oturup bir arkadaşıma mektup yazarım; bana neler ifade ettiğini, dostluğumuzun benim için ne kadar değerli olduğunu anlatırım. Geçenlerde Cemal söyledi: "Ağabey, sende ne hafıza var! Nasıl hatırlıyorsun?" Çok zayıf bir hafızam vardır. Ama oturup önceden ajandama tüm dostlarımın yaş günlerini not ederim.

Bu kitabı yazarken, bir seneliğine geldiğim Doğu Akdeniz Üniversitesi'nde karşı oda arkadaşım Malcolm Mckie arada bir bana gelip "Şerif personel arasında çok popülersin, nasıl oluyor bu?" diye çatıyordu. Gerçekten de temizlikle, mutfakla ilgili personel bana kurabiyeler, ders aralarında bir orta kahve, bahçelerinden çağla bademler, meyveler toplayıp getiriyordu. Masamda çalışıyorum ve bir tabak çi-

---

[25] DÜNDAR, Can, "Ada", Milliyet gazetesi köşe yazısı, Mart 2002.

lek tıkınıyorum. Öğretim görevlilerinden Taçgey Bey odaya girdi, çileklerden sundum. "Nereden geldiğini" sordu, bir personelin kendi bahçesinden getirdiğini söyledim. "Ben yıllardır buradayım, bana hiç getirmezler, niye?" dedi. Görevli hanımın ismini sordum, bilmiyordu. Ben geldiğimin ilk ayında tüm çalışanların ismini öğrendim ve sabah işe geldiğimde isimleriyle hitap ettim onlara. Emriye Hanım, Semra Hanım, hepsi benim iyi dostlarım oldular. Buradaki öğretim üyesi arkadaşlarım kadar onlarla da vakit geçirdim. Bunu yapmasaydım rahat etmezdim. Kıbrıs'ta hiç unutmayacağım dostlarım oldu, onlardan yemek tarifleri aldım, hikâyeler anlattık birbirimize, gülüştük. Tek hatam ilk kahvemi getirdiklerinde kahveyle aramın hiç iyi olmadığını, yılda bir kahve içtiğimi söyleyemememem oldu. Bütün bir sene kahve içtim, höpürdeterek. Aslında yediğim meyvelerin ve içtiğim kahvelerin dostluklarla dolu, altın kutular olduğunu biliyorum. Üniversitedeki arkadaşlarım benim onlara yaptığımdan daha fazlasıyla beni biricik hissettirdiler.

Eşinize, çocuğunuza, anne ve babanıza, iş arkadaşlarınıza onların sizin için biricik olduklarını hissettirebilmek... Bunu hissettiriyorsanız, gerisi tamamdır.

Dönün etrafınıza bakın; size kaç altın kutu geliyorsa kendinizi o kadar değerli hissedersiniz. Ne kadar çok altın kutu verirseniz o kadar çok alırsınız.

Eşimin annesinde (evet siz kaynana dersiniz, tamam) hayranlıkla izlediğim bir özellik var: Kendi eşinin, geçmişle ilgili misafirlere anlattığı bir olayı yüzüncü defa dinliyor bile olsa müthiş keyif alarak, gülerek ve sanki ilk defa duyuyormuşçasına dinliyor. Eminim kayınpederim kendini biricik hissediyordur.

Derler ki; konuşmaktan zevk alacağın biriyle evlen, çünkü yaşlılıkta konuşmak ve dinlemek en çok arayacağınız özellik olacaktır.

Hayatımız öpücüklerle dolu kutuları hak eden insanlarla dolu, ama o sevgiyle dolu kutuları vermiyoruz. Ne zaman akıl ediyoruz o kutuları vermeyi biliyor musunuz? Onları kaybettiğimiz zaman. "Ah!" diyoruz, "Keşke sevgimi doya doya söyleseydim." Ne kadar çok sevgi dağıtırsanız o kadar çok öpücük dolu kutular alırsınız.

Onları kaybetmeyi beklemeyin ve sevginizi dağıtın.

"Ben kutulama işlemini yapmadan doğrudan öpücükleri tanıdığım tanımadığım herkese dağıtayım." demeyin, olacaklardan ben sorumlu olmam!

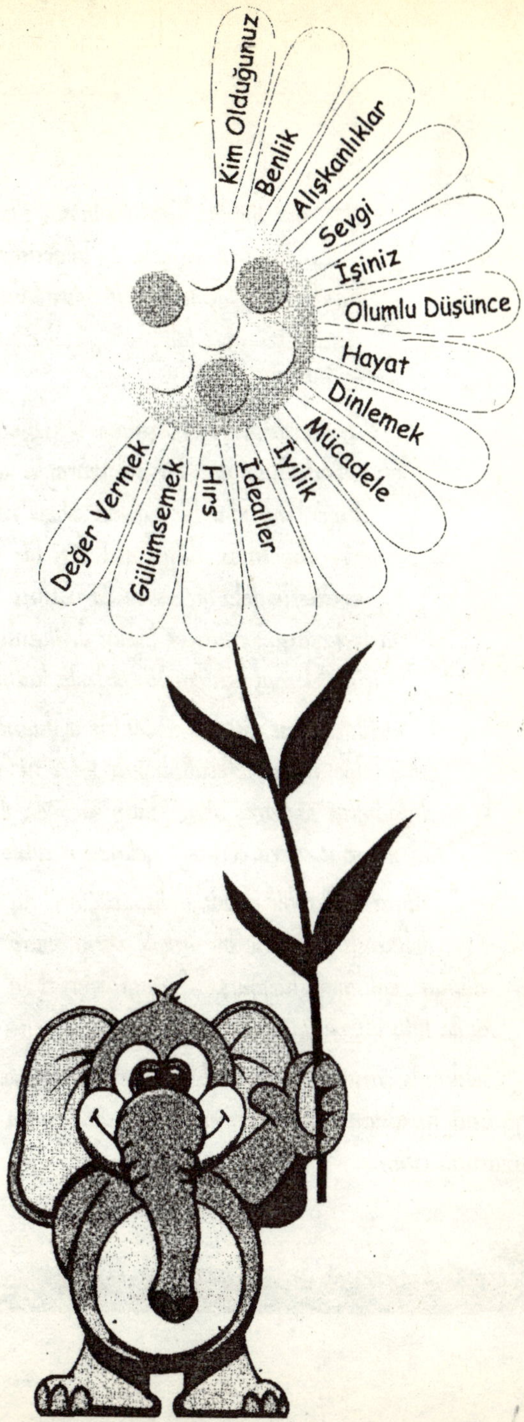

Kim Olduğunuz
Benlik
Alışkanlıklar
Sevgi
İşiniz
Olumlu Düşünce
Hayat
Dinlemek
Mücadele
İyilik
İdealler
Hırs
Gülümsemek
Değer Vermek

Bir tüccar "Mutluluğun Gizi"ni öğrenmesi için oğlunu insanların en bilgesinin yanına yollamış. Delikanlı, bir çölde kırk gün yürüdükten sonra, sonunda bir tepenin üzerinde bulunan güzel bir şatoya varmış. Söz konusu bilge burada yaşıyormuş.

Bir ermişle karşılaşmayı bekleyen bizim kahraman, girdiği salonda hummalı bir manzarayla karşılaşmış: Tüccarlar girip çıkıyor, insanlar bir köşede sohbet ediyor, bir orkestra tatlı ezgiler çalıyormuş, dünyanın dört bir yanından gelmiş lezzetli yiyeceklerle dolu bir masa da varmış. Bilge sırayla bu insanlarla konuşuyormuş ve bizim delikanlı kendi sırasının gelmesi için iki saat beklemek zorunda kalmış.

Delikanlının ziyaret nedenini açıklamasını dikkatle dinlemiş bilge, ama "Mutluluğun Gizi"ni açıklayacak zamanı olmadığını söylemiş ona. Gidip sarayda dolaşmasını, kendisini iki saat sonra görmeye gelmesini salık vermiş.

"Ama, sizden bir ricada bulunacağım." diye de eklemiş bilge, delikanlının eline bir kaşık verip sonra bu kaşığa iki damla zeytinyağı koymuş. "Sarayı dolaşırken bu kaşığı elinizde tutacak ve yağı dökmeyeceksiniz."

Delikanlı sarayın merdivenlerini inip çıkmaya başlamış, gözünü kaşıktan ayırmıyormuş. İki saat sonra bilgenin huzuruna çıkmış.

"Güzel, demiş bilge, peki yemek salonumdaki Acem halılarını gördünüz mü? Bahçıvan başının yaratmak için on yıl çalıştığı bahçeyi gördünüz mü? Kütüphanemdeki güzel parşömenleri fark ettiniz mi?"

Utanan delikanlı hiçbir şey göremediğini itiraf etmek zorunda kalmış. Çünkü bilgenin kendisine verdiği iki damla yağı dökmemeye çabalamış, başka bir şeye dikkat edememiş.

"Öyleyse git, evrenimin harikalarını tanı." demiş ona bilge. "Oturduğu evi tanımadan bir insana güvenemezsin."

İçi rahatlayan delikanlı kaşığı alıp sarayı gezmeye çıkmış. Bu kez, duvarlara asılmış, tavanları süsleyen sanat yapıtlarına dikkat ediyormuş. Bahçeleri, çevredeki dağları, çiçeklerin güzelliğini, bulundukları yerlere yakışan sanat yapıtlarının zarafetini görmüş, bilgenin yanına dönünce, gördüklerini bütün ayrıntılarıyla anlatmış.

"Peki sana emanet ettiğim iki damla yağ nerede?" diye sormuş bilge.

Kaşığa bakan delikanlı, iki damla yağın dökülmüş olduğunu görmüş.

"Peki" demiş bunun üzerine bilgeler bilgesi, "Sana verebileceğim tek bir öğüt var: 'Mutluluğun Gizi' dünyanın bütün harikalarını görebilmektir, ama kaşıktaki iki damla yağı dökmeden."[26]

---

[26] VAROL, Metin, "Zerdüşt 'Yaşamak İstiyorum' dedi", Elma Yayınevi, Ankara, 2002.

"Değişim ancak içeriden açılabilen bir kapıdır."

Neil

XV. KAPI

KARAR ALMAK ÜZERİNE

1991 yılı karanlık bir Şubat sabahı... Balıkesir... Yedi on beşi gösteren saat kulesinin önündeki otobüs duraklarında üzerimde hâkî üsteğmen üniformam, beni mesaiye götürecek olan servisi bekliyorum. Birden niye orada olduğumu düşündüm, yapmak istediğim iş bu muydu? Hayır. Peki burada ne arıyordum? 1979 yılının teröre bulanmış, herkesin birbirinden korktuğu o bulanık ve karanlık dönemde, on dört yaşında ortaokul son sınıfta, hiç olmazsa okuyabilelim diye Kuleli Askeri Lisesi'ni kazanmış ve başlamıştım. O yaş, sizin mesleğinizle ilgili karar verebileceğiniz bir yaş değildir. O yüzden Türk Silahlı Kuvvetleri bir araştırma yapsın, ordudan istifa eden subayların büyük bir çoğunluğunun askeri lise kökenli olduğunu görürler.

Subay çıktığınız anda on beş yıl mecburi hizmetiniz vardır, tazminat ödeyerek de ayrılamazsınız. Sadece bir yabancıyla evlenirseniz istifa etmiş kabul edilirsiniz ve normal tazminatın dört katını ödersiniz.

1991 Mayısında çok şey öğrendiğim, bünyesinde bulunmaktan gurur duyduğum ve çok iyi anılarımın olduğu üniformamdan ayrıldım. Bunun iki temel nedeni vardı:

1. Hayatımla ilgili kararları veremiyor olmam,

2. Ordunun sıkı hiyerarşisi içinde yeteneklerimi kullanamıyor olduğumu görmem.

Bugün orduda geçirdiğim günlerin bana öğrettiklerini unutmam mümkün değil. O üniformayı on iki yıl giymiş olmaktan büyük gurur duyuyorum. Ama iyi ki o şubat sabahı "Ben kimim, niçin buradayım ve yapmak istediğim bu mu?" diye düşünmüş ve harekete geçmişim...

Hayatınızla ilgili alamadığınız kararlar, aldığınız kararlardan daha etkin bir rol oynar. Bizim sevgili arkadaşımız Bülü üniversiteden beri ordudan ayrılmayı planlar, 2004'te emekliliği geliyor.

"Kendinizi başkasının ayakkabılarının içinde hissetmelisiniz." diyorlar ya, bence daha önemlisi kendinizi gerçekten kendi ayakkabılarınızın içinde hissedebilmeniz ve kendinizi suyun akışına bırakmamanız.

Kendiniz ve hayatınızla ilgili kararlar alırken, lütfen kendinize sorular sorun ve karar almanız gerektiğine inandığınız-

da da alın. Başınıza gelen olumsuzlukları da birçok faktörde aramak yerine dürüst olun ve kendinizde arayın.

Kararlarınızda bütçenize de bakın. Bütçeniz ne mi? Onu Metin Varol'dan dinleyelim:

"Sahip olduklarımız kadar özgür bir birey olabilir ve bir yaşam oluşturabiliriz. Bir milyarımız varsa, bir milyarlık harcama özgürlüğümüz vardır. Otuz bin kelime biliyorsak, otuz bin kelimeden oluşan cümleler kurabiliriz. Hayallerimiz, bildiklerimiz ve gördüklerimiz kadardır. Çocuğumuz yoksa çocuk yetiştirme, sevgilimiz yoksa aşkı yaşama özgürlüğümüz yoktur. Başkası tarafından dinlenmiyorsak konuşma, konuşamıyorsak başkasını dinleme yeteneğimizi geliştirme ve birlikte yaşama mutluluğumuz yoktur. Ancak sahip olduklarımızı iletişim sürecinde paylaşabiliriz. Paylaşmayı bilmeyenlerle birlikte oluyorsak yaşamı paylaşmak gibi bir özgürlüğümüz yoktur.[27]

Özgürken aldığınız kararlar sonucunda da mutsuz olabilirsiniz; ama en azından mutsuzluğunuzun koşullarını siz belirlersiniz, başkaları değil.

Kararlarınızda fikir alın; ama özgür olun.

Özgürce aldığınız kararlar sonucunda da mutsuz olabilirsiniz; ama en azından mutsuzluğunuzun koşullarını siz belirlersiniz, başkaları değil.

[27] VAROL, Metin, "Zerdüşt 'Yaşamak İstiyorum' dedi", Elma Yayınevi, Ankara, 2002.

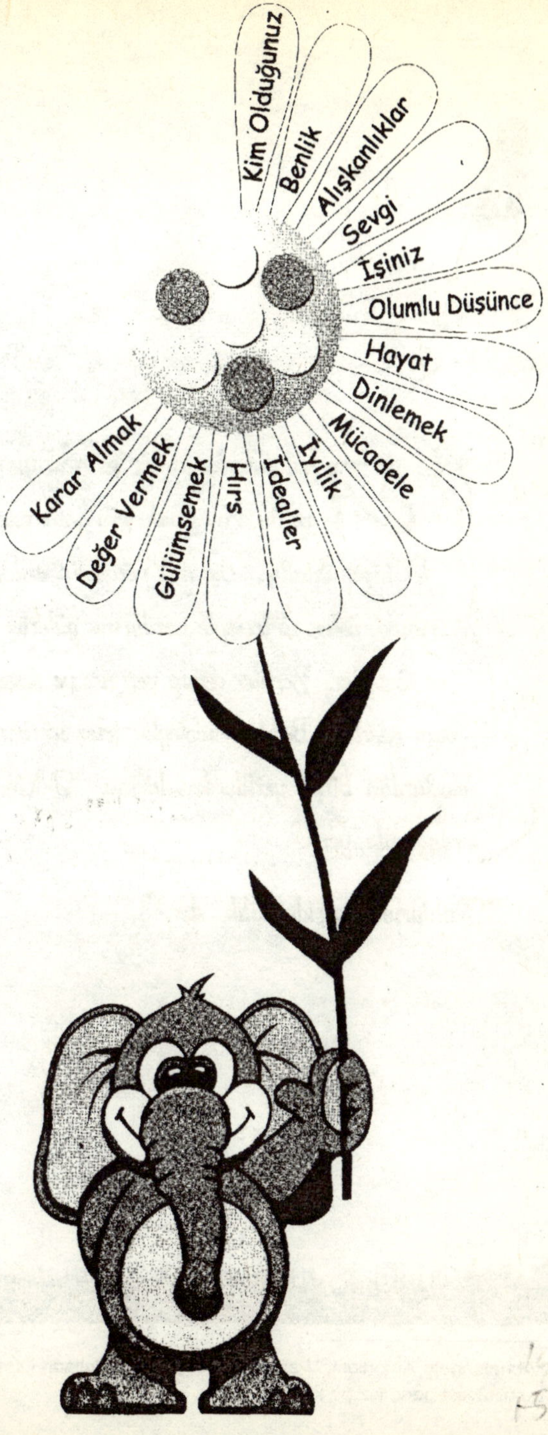
Kim Olduğunuz
Benlik
Alışkanlıklar
Sevgi
İşiniz
Olumlu Düşünce
Hayat
Dinlemek
Mücadele
İyilik
İdealler
Hırs
Gülümsemek
Değer Vermek
Karar Almak

Afrika'da kayıp bir şehri arayan arkeologlar şehre bir an önce ulaşmak için acele ederler. Eşyalarını yerliler taşımaktadır. Bir ara yerlilerin anlamsız yere durduklarını görürler. Aceleyle yanlarına giderler ve çabuk olmalarını söylerler. Yerliler cevap vermez ve sessizce beklemeye devam ederler. Batılı arkeologlar telaş içerisindedirler. Arkeologlardan birisi yerlilerden birine, "Niçin beklediklerini" sorduğunda, yerli:

"Ruhlarımız geride kaldı" der.[28]

[28] Michalengelo Antonioni, "Par de la Nuages", (Bulutların Ötesinde, 1995) filminde bu hikâyeyi genç kız bir kafede anlatır.

"Gerçek yolculuk geriye dönüştür."

Ursula Le Guin

XVI. KAPI

DOĞALLIK ÜZERİNE

Kuleli Askeri Lisesi hazırlık sınıfı, 1979 yılı, 14 yaşındayım. Futbol turnuvası, bizim kısım diğer bir kısmın takımıyla oynuyor. Hakem bir pozisyonda taşın üzerinden giden bir topumuza gol vermedi (ki gol değildi), biz toplu hâlde itiraz ettik, bağırıştık ve yenildik. Hep beraber sınıfa gittik, yirmidört kişilik sınıfta herkes sinirinden ve üzüntüsünden ağlıyor. Ben de oyunculardanım. Etrafıma bir baktım, bir ben ağlamıyorum. Birkaç kişiyle göz göze geldik, ben de ağlamaya başladım.

Davranışlarımızın ne kadarı doğal, ne kadarı öğrenilmiş hiç düşündünüz mü? Verdiğimiz tepkilerin, kararlarımızın ne kadarı gerçekte bizim? Bir öğrencim anlatmıştı; kardeşi Türkiye'de bir yeri acıdığında "Ahh!" derken, altı yaşlarındayken Almanya'ya gitmişler, bir süre sonra bir acı anında "Auch!" demeye başlamış. Belki acılar karşısındaki tepkiler bile tam olarak kendimizin değildir. Bize roller öğretirler ve onları oynarız belki de, ne dersiniz?

Türkiye'nin en çok dinlenen radyo programlarından biriymiş, davet ettiler. Katılacağım programdan 15 dakika önce oradaydım. İçeride bir bayan ve bir erkek spiker yarışma yapıyorlar ve ödüller veriyorlar; şöyle bir konuşma geçiyor:

"Hanımefendi, Türkiye'deki istatistiki verileri toplayan kuruluşun ismi?"

"Bilmem ki..."

"Hanımefendi hani devlette istatistik yapan kuruluş?"

"Bilmem ki... Yalnız programınızı izliyor ve çok beğeniyorum, hâlâ oğlumgil falan da hep dinliyoruz."

"Hanımefendi biz de sizleri çok seviyoruz, sizler için varız! Hele sizin Amasya'nın ayrı bir yeri var elmalar, misafirperverlik..."

"Bizler de sizi çok seviyoruz."

"Peki şöyle soralım: 'Devlette istatistik yapan enstitünün adı?'"

"Valla bilemeyeceğim."

"Eh olsun hanımefendi, sizleri çok çook seviyoruz, lütfen dinlemeye devam ediniz."

"Biz sizi çok beğeniyoruz."

"Teveccühünüz, teveccühünüz hanımefendi."

Ben stüdyonun dışındayım, gözlerim dolmak üzere. Program bitti, spikerler dışarı çıktı ve erkek spikerin telefonları bağlayan görevliye ilk sözü şu oldu:

"Kardeşim hep davarları bağlıyorsunuz!"

Kendimizin ne kadarı acaba kendimiz? Ne kadarını ise oynuyoruz?

Süpermarkette yarım bir elma almak isteyen kişiyle görevli epey tartışmışlar. Müşteri, "Git müdürüne söyle o zaman" demiş, "Ben bu elmanın yarısını alacağım."

Görevli sinirli, müdürün odasına gitmiş: "Müdür Bey, hayvanın birisi yarım elma almak istiyor", dönüp arkasına bir bakmış adam orada...

"Bu beyefendi de diğer yarısını almak istiyor." demiş.

Etrafınıza bir bakın, çevrenizdeki insanların yaratılmış tiplemeler olduğunu göreceksiniz; Hollywood'un, TV kanallarının yarattığı tiplemeler...

Yaş grupları aşağıya doğru indikçe bu standartlaşmanın daha da arttığını göreceksiniz. İngilizceden tüm lise boyunca çakıp, Türkçeyi İngilizce vurgularla konuşan, aynı beden dilini kullanan, "Vaaw" tepkileri veren standartlaştırılmış bir grup...

Lise boyunca kilolarca okunmuş pirinç yemesine rağmen İngilizceden hep kalan yeğenim geçenlerde, "Para 'save' etmem gerekiyor." dedi. Demek sonradan açılmış, hani keratanın background'ını bilmesem neyse...

"Globalization" denilen şeyin "Americanization" olduğunu hayretle göreceksiniz. Amerikalı gibi giyinirler, Amerikalı gibi yerler ve Amerikalı gibi müzik dinlerlerse bir süre sonra Amerikalı gibi düşünürler ve onları istediğiniz gibi yönetirsiniz.

Etrafınıza bakın taklit TV yıldızları göreceksiniz. Taklit Tarkan yürüyüşleri, Brad Pitt duruşları, Nicole Kidman gülümsemeleri, Tom Cruise ahlakları...

Amerikalı gibi yerler ve Amerikalı gibi müzik dinlerlerse bir süre sonra Amerikalı gibi düşünürler ve onları istediğiniz gibi yönetirsiniz.

Dünya Kupası'nda Japon Milli Takımı'nı gördünüz mü? Bir tane çekik gözlü Japon oyuncu yoktu, hepsi göz kapağı ameliyatı olmuştu. Hepsi sarı, kızıl saçlıydı. Japonlar dünyada kendi kültürüne en bağlı ülke olarak tanınırlardı. Şimdilerde dünyanın en çok intihar eden milleti oldular. Kendileri olmak istemiyorlar. Amerikan propaganda makinasının yarattığı insanlarla kendileri arasında sıkıştılar. Çok mutsuzlar. Ruhları geride kaldı.

Amerika'da basılan "Benzersiz Olmanın Kılavuzu" kitaplarının milyon satması komikliği gibi.

Şimdilerin "Özgün", eskilerin "Nev - i Şahsına Münhasır" dedikleri insanlar azalıyor. Kendine özgü, farklı insan...

Ben yönetim ve iletişimle ilgili kendi alanımda yazılmış kitapları okumamaya çalışırım. Sorduklarında; okurlarıma, dinleyicilerime öneririm; ama özellikle okumamaya çalışırım. Çünkü "özgünlüğümü kaybettireceğini" düşünürüm. Farklı alanlardaki araştırmalarımı çalıştığım alanlarda kullanırım. Böyle olunca, Saint Barnabas mağarasındaki mezarın bulunuşu bana yönetimle ilgili bir fikir sağlar.

Bir okurum aynı zamanda bir dinleyicim bana bir mektup yazmış ve benim verdiğim bir semineri aynı örnekler, aynı esprilerle başka bir kişinin verdiğini, kişinin seminer boyunca benim adımı anmadığını yazmış, sonuna da bir şey eklemiş; bana ders veren bir cümle:

"Şerif Bey sizi bir yerlerde dinlediği kesin. Bütün cümlelerinizi ve örneklerinizi taklit edebilir; ama kişiliğinizi ve yaydığınız enerjiyi taklit edemez. Belki diğer dinleyiciler görmedi; ama ben aradaki farkı sizi de dinlediğim için gördüm."

Taklit edemeyecekleri tek şey sizsiniz, sizi taklit edemezler.

Bana yıllarca seminerlerimden sonra:

"Anthony Robbins'in "Sınırsız Güç" kitabını okudunuz mu? Mutlaka öneririz." dedi dinleyicilerim. Ben ısrarla okumadım. Kitap; motivasyon, aileye verilen değer ve başarı üzerineymiş. Geçenlerde bir öğrencim çok komik bir şey söyledi: "Hocam, karısı Anthony Robbins'den boşanmak istemiş ve basına yaptığı açıklamada 'Boşanma nedenim, eşimin başka kadınları motive etmesidir.' demiş."

İletişimde en önemli adımlardan biridir, kendiniz olmak.

İki travesti kaza geçirmişler, biri ötekini çok ince ve işveli bir sesle: "Orkidee, Orkidee" diye hafif hafif dürtmüş. Bakmış ses yok, durum ciddi, gür bir sesle sarsmaya başlamış: "Nurettin Abi, Nurettin Abi!"

Eğer birilerini oynuyorsanız çok yorulursunuz, düşünün sanki devamlı üzerinizde spotlar var ve rol yapmak zorundasınız.

Dermana sarılmadan önce derdi bilmek gerek.

Şeyh Edebali, Osmanlı İmparatorluğu'nun kurucusu Osman Bey'e der ki:

"Eğer kendini başkalarıyla kıyaslar durursan ya mutsuz ya da kendini beğenmiş olursun. Çünkü her zaman senden daha iyi ya da daha kötü durumda birileri olacaktır."

Kendiniz olun.

Suyu damağınızda daha fazla hissedersiniz.

Duştaki gibi şarkı söyleyin, piknikteki gibi yemek yiyin. Çayınızı televizyon karşısındaki gibi höpürdetin, davar olduğunu düşündüklerinize olduğu gibi söyleyin, baş başaymış gibi dans edin, "Seni seviyorum." derken insanların gözüne bakın.

Kendiniz olun.

Ruhunuz geride kalmasın...

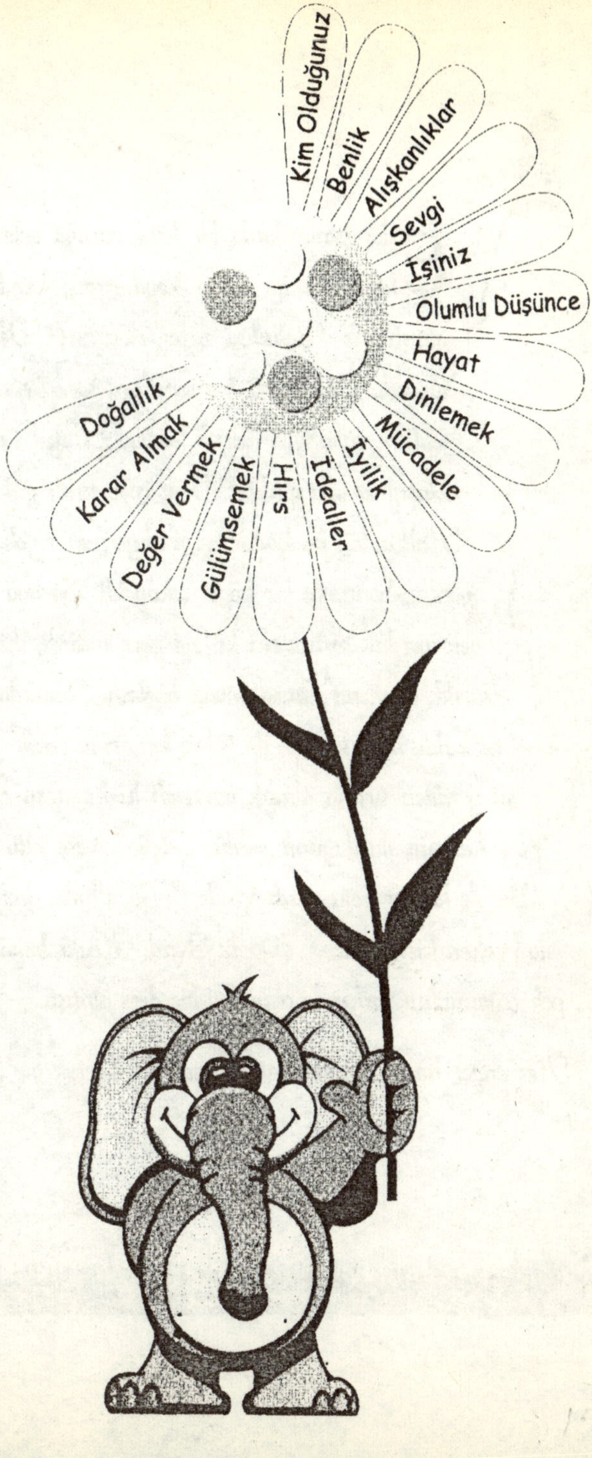
Kim Olduğunuz
Benlik
Alışkanlıklar
Sevgi
İşiniz
Olumlu Düşünce
Hayat
Dinlemek
Mücadele
İyilik
İdealler
Hırs
Gülümsemek
Değer Vermek
Karar Almak
Doğallık

Eski zamanlarda bir kral, saraya gelen yolun üzerine kocaman bir kaya koydurmuş, kendisi de pencereye oturmuştu. Bakalım neler olacaktı? Ülkenin en zengin tüccarları, en güçlü kervancıları, saray görevlileri birer birer geldiler, sabahtan öğlene kadar. Hepsi kayanın etrafından dolaşıp saraya girdiler. Pek çoğu kralı yüksek sesle eleştirdi. Halkından bu kadar vergi alıyor; ama yolları temiz tutamıyordu. Sonunda bir köylü çıkageldi. Saraya meyve ve sebze getiriyordu. Sırtındaki küfeyi yere indirdi, iki eli ile kayaya sarıldı ve ıkına sıkına itmeye başladı. Sonunda kan ter içinde kaldı; ama kayayı da yolun kenarına çekti. Tam küfesini yeniden sırtına almak üzereydi ki kayanın eski yerinde bir kesenin durduğunu gördü. Açtı. Kese altın doluydu. Bir de kralın notu vardı içinde. "Bu altınlar kayayı yoldan çeken kişiye aittir." diyordu Kral. Köylü, bugün dahi pek çoğumuzun farkında olmadığı bir ders almıştı.

"Her engel, hayat koşullarımızı daha iyileştirecek bir fırsattır."

"Tanrı bize iki yuvarlak organ verdi. Biri düşünmek, diğeri oturmak için.
Başarı hangisini kullandığınıza bağlı."

Ann Landers

XVII. KAPI

ÜRETMEK ÜZERİNE

Türkiye'ye baktığımda gördüğüm en temel nokta: "Hiçbiri projeye dönüşmeyen, sürüyle fikir..."

Etrafınıza bakın, ne çok bitmemiş bina olduğunu göreceksiniz.

Bir firma Afrika'ya iki ayakkabı satıcısı göndermiş. Birisi iki gün sonra telefon açmış: "Patron beni niye buraya gönderdiniz ki Allah aşkına? Burada kimse ayakkabı giymiyor." Hemen arkasından diğeri aramış: "Patron burada inanılmaz bir pazar var, hiç kimsenin ayakkabısı yok, çabuk bana ayakkabı yollayın."

Türkiye'ye baktığımda gördüğüm en temel nokta "Hiçbiri projeye dönüşmeyen, sürüyle fikir..."

Dikran Masis'le yapılan bir röportajı okumanızı istiyorum:

"Sene 1979. Bir gün Ziraat Bankası'na para götürdüm, veznedar sayıyor sayıyor bitmiyor. İçimden 'Para saymanın makinesi olmaz mı?' dedim. Amerika'da yaşayan kız kardeşim Nadya'ya telefon edip böyle bir makine olup olmadığını araştırmasını istedim. Birkaç gün sonra böyle bir makine fabrikası olduğunu söyleyince hemen Detroit'e uçtum. Fabrikadakilere bizim fersude paraları verdim, makine sayamadı. "Bu tür paralar için yeni bir makine geliştiriyoruz; ama 300 bin dolar lazım. 100 bin dolar verirseniz yaparız." dediler. O tarihte bankada 170 bin dolar param var, bütün servetim bu para. 100 bin doları hemen verdim. Dört ay sonra bu makine geldi, adını 'Akıllı Ayşe' koyduk. Hürriyet'te haberi çıkınca ertesi gün Ziraat Bankası'ndan 'Getir, şu makineyi görelim.' dediler. Akıllı Ayşe'yi alıp Ankara'ya gittim, beni merkezin bodrum katına indirdiler. Dere tepe, her yer silme para dolu. Karşımda yedi kişi oturmuş benim Akıllı Ayşe'nin para saymasını izliyor. Yırtıkları ayırıyor, eksik desteyi yakalıyor. Sordular fiyatını, ben de "1350 dolar" dedim. Uçakta İstanbul'a dönerken yanımda bankanın genel müdür yardımcısı ve ekibi vardı. 100 makine derlerken Yeşilköy'e indiğimizde rakam 1000 oldu. Bir hafta içinde 35 bin 'Akıllı Ayşe' sattım ve ilk milyon dolarımı kazandım."

Steve Goodier, "Termostat ve termometre arasında bir fark vardır." der. "Termometre sıcaklık ölçer; ama yaptığı ölçü ile ilgili hiçbir şey yapmaz. Oysa termostat sıcaklığı ölçmekle kalmaz, ona göre tepki verir; sıcaklık yüksekse ısıtma işlemine son verir; sıcaklık düşükse ısıtma işlemini yeniden başlatır. Termometre edilgin, termostat ise etkin bir aygıttır. İkisinin de konusunun sıcaklık olmasına karşın, sıcaklık karşısında yalnızca termostat tepki verir."[29]

Kimi kişiler termometre gibidirler; kendilerine zarar verecek şeylere bile karışmazlar. Karşılaştıkları sorun ve zorlukları fark etmenin ötesinde bir şey yapmazlar, bir çözüm yolu bulmaya çalışmazlar, yaşamı yalnızca seyrederler. Kendilerini her zaman güçsüz hissederler.

Kimi kişiler ise termostat gibidirler; onlar güçlüklerle karşılaşır karşılaşmaz harekete geçerler. Daima bir çözüm yolunun bulunduğuna inanırlar. Tepki gösterir, kararlar alır, harekete geçerler.

Siz hangisisiniz acaba termometre mi, termostat mı?

Ben ülkedeki insanları, üzerine "Beni yıka!" yazılan arabalara benzetiyorum.

Hele bazılarımızın üzeri öyle toz tutmuş ki roka ekseniz yetişir.

Hatta koca bir ülkenin üzerinde "Beni yıka!" yazıyor.

Size Mümin Sekman'ın "Kişisel Ataleti Yenmek" kitabını

---

[29] GOODIER, Steve. "Joy Along The Way", Life Support System Publishing, Utah, 2000.

öneririm. Benim bir bölüme sığdırmaya çalıştıklarımı o bir kitapta ve çok güzel anlatmış. Kitabın temel tezlerinden birisi: "Hayatta bulunduğumuz konumu; yaptıklarımızdan daha çok yapmamız gerektiği hâlde, yapmadıklarımızla belirleriz."

Koca bir ülkenin üzerinde "Beni yıka!" yazıyor.

Kısa boylu zayıf bir genç, yanında duran uzun boylu ve iriyarı kuzenine dönerek şöyle der:

"Ben senin yerinde olsaydım dünya ağır siklet boks şampiyonu olurdum."

Bunu duyan kuzeni dönerek cevap verir:

"Seni dünya hafif sıklet boks şampiyonu olmaktan alıkoyan ne?"[30]

Hayatın ne olduğunu fark etmeye başladığınız yaşlarda artık sizi hayata en çok bağlayan noktalardan birisi kendi ürettiklerinizin sonucunu görmektir. En büyük burukluğu ise üretmediğinizi hissettiğiniz an yaşarsınız.

Atılım güçüne sahipseniz, kimsenin fark etmediklerini bir araya getirir ve üretirsiniz. Eminim Masis'le birlikte yüzbinlerce insan bankalarda sıra bekledi ve söylendi. Yaratıcılık ve atılım gücünü bir araya getiren ise Dikran Masis'ti.

Temel, yetmiş yaşındayken on sekiz yaşında bir kızla evlenmiş.

---

[30] SEKMAN, Mümin, "Kişisel Ataleti Yenmek", Alfa Yayınları, İstanbul, Ekim 2001.

– Bunun on yıl sonrası da var. İyi düşündün mü? demişler.

– Niye? demiş. Yirmi sekiz yaşında kadın, kadın değildur?

Hayatınızın felsefesini üretmek üzerine kurarsanız gerisi gelir.

Yani politikacıların istatistik açıklarken yaptığını, siz Hayatınız için yapabilirsiniz. Önce eğrileri çizin, sonra rakamları yazarsınız.

Yoksa hayatınız tuvaletlere "Ateşli sevişirim, beni ara!" yazanlara döner. (E, o kadar iyiysen git seviş o zaman, niye tuvaletlere yazmak zorunda kalıyorsun?)

Kaybetmekten korkmadığınızda kazanma şansınız artar.

Şimdi üstünüzü bir kontrol edin, üzerinizde toz var mı?

Ann Landers'a söylemek istediğim ise şu: Bizim millet iki yuvarlağı aynı anda kullanır.

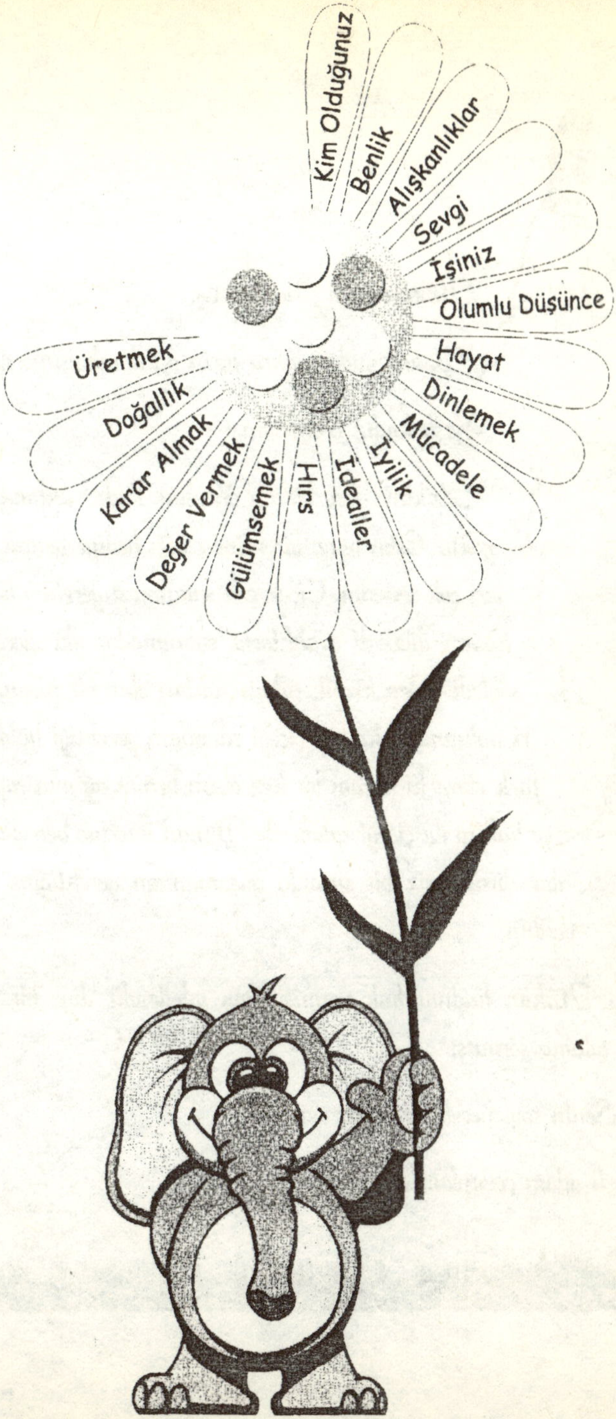

Kim Olduğunuz
Benlik
Alışkanlıklar
Sevgi
İşiniz
Olumlu Düşünce
Hayat
Dinlemek
Mücadele
İyilik
İdealler
Hırs
Gülümsemek
Değer Vermek
Karar Almak
Doğallık
Üretmek

Hâkim yaşlı çifte sormuş:

"Bunca yıldan sonra niçin ayrılmak istiyorsunuz?"

Yaşlı kadın cevaplamış:

"Hâkim Bey bir ay öncesine kadar aklımda böyle bir şey yoktu. Eşim bana bir mine çiçeği hediye getirdi, ben de çiçekleri çok severim. Çiçek çok sulanması gereken bir çiçekmiş ve kocam düzenli aralıklarla sulanmadığında çiçeğin öleceğini söyledi. Ben kemik rahatsızlıkları olan bir insanım. Geceleri uykumdan kalkıp çiçeği sulamam gerektiği hâlde, bir gün fark ettim ki kocam bir kez olsun benim ağrıma rağmen gece kalkıp da çiçeği sulamadı. Bunun üzerine ben de bu kadar düşüncesiz bir insanla yaşamamam gerektiğine karar verdim."

Hâkim kadına hak vermiş; ama adettendir diye bir de adama sormuş:

"Senin söyleyecek bir şeyin var mı?"

Yaşlı adam cevaplamış:

"Eşimin anlattığı her şey doğru, tek bir şey dışında. Mine çiçeği çok sulandığında ölür. Karımın kemik rahatsızlığı var ve iyileşmesi için düzenli egzersiz yapması gerekir; ama eşim bunu yapmadığı için ben de bu yalanı buldum. 'Çiçeği ölmesin' diye her gece kalkmak zorunda kaldı. O her uyandığında ben de uyanık olurdum, işini bitirip uyuduğunda gidip çiçeğin suyunu boşaltır, peçetelerle toprağını kuruturdum. Sonra da yatağa gelip bana hayatı bahşeden, canımdan çok sevdiğim eşimi doyasıya seyrederdim."

Hâkim çifti boşamamış.

"Birisi hakkında karar vermeden önce onun makosenlerini giy ve ay üç defa görünüp kayboluncaya kadar karar verme."

Kızılderili Atasözü

XVIII. KAPI

ANLAMAK ÜZERİNE

1962 yılı, Hava Kuvvetleri Çiğli üssünde görevli bir üsteğmenin İzmir Türkay Koleji'nde derse girmesi gerekir. Sınıfa girer, tüm öğrenciler ayağa kalkar; bir öğrenci hariç! Öğrencilerden biri subayın gözlerine baka baka ayağa kalkmaz, üsteğmeni arkadaşları önceden uyarmıştır: "Özel okul, öğrenciler şımarık" diye. Üsteğmen öğrenciye bağırır: "Bu ne terbiyesizlik! Sınıfa bir öğretmen giriyor ve sen ayağa kalkmıyorsun, ben sana haddini bildiririm, kalk ayağa!"

Öğrenciler cevap verir: "Arkadaşımızın bacakları yok!"

Babam genç bir havacı subayken yaşadığı bu olayı hiç unutmadı. Bana anlattığında ben de bir ders aldım; insanlarla ilgili karar vermeden önce mutlaka beklemek lazım.

Onun makosenlerini giyip en az üç gün dolaşmak...

Zeytinyağlı yemek gibi, sıcakken yerseniz mideniz mahvour, soğumasını beklemelisiniz.

Yaptığınız ani bir şey ise size hayat boyu acı verebilir.

Önce niye ayağa kalkmadığını sorun, kendinizi onun yerine koyun ve öyle karar verin. Bunun teknik adı "empati".

Atalarımızın "İğneyi kendine, çuvaldızı başkasına..." dedikleri davranış.

Karar vermeden önce bilgi toplamak lazım.

Adam evine telefon etmiş, karşısına yabancı bir kadın çıkmış:

- Kimsiniz?

- Ben yeni temizlikçiyim, bugün işe başladım.

- Haa tamam. Karımı telefona çağırır mısınız?

- Özür dilerim ama karınız, kocası sandığım bir adamla şu anda yatak odasında.

Adam çıldıracak gibi olmuş, hiddetle:

- Şu anda elli bin dolar kazanmak ister misin?

- Tabii

- Git onları öldür.

Hizmetçi on dakika sonra nefes nefese dönmüş:

- Öldürdüm beyefendi, şimdi ne yapayım?

- İkisini arka bahçedeki havuza at!

- Ama bu evin arka bahçesi yok ki!

Bir sessizlik olmuş. Adam:

- Pardon, orası 430 80 41 değil mi? demiş.

Karar vermeden önce mutlaka iyi dinleyin.

Eğer gerçekten kendimizi karşıdakinin yerine koyabilsek, bombalar olmazdı, politikacılar gözümüze baka baka yalan söylemezlerdi, çocuklarımızı dövemezdik, maçlarda rakip taraftarların annelerine küfretmezdik, sinirlendik mi yumruğu çakmazdık, öğretim üyeleri aynı dersi yirmi sene aynı ezberle anlatmazdı, Mersin gümrüğünde Kıbrıs'tan kesin dönüş yapan her Türk vatandaşından rüşvet alınmazdı, hastanelerde yüzümüze bakılırdı... Devam ettirin daha neler bulursunuz.

Kendimizi karşımızdakinin yerine koymak.

Bizde damatlar ve gelinler kaynanalarıyla geçinemezler, ta ki kaynana ve kayınpeder olana dek. Bir söz vardır: "Gelir dağılımı eşitsizliğini eleştirme isteği, yoksul bölgelerden uzaklaştıkça azalır." Bizde de aynen öyledir. Mutlu bir evlilik için: "İki gönül bir olursa samanlık seyran olur." diye bir söz vardır ya, burada bahsedilen gönüller kız ve annesinin gönlüdür. Sizin gönlünüzün olayla uzaktan yakından bir ilgisi yoktur. Oysa yetişkinleri karar vermede serbest bıraktığınızda sizin yanınızda daha fazlasıyla olurlar ve sevgi görürsünüz.

İletişimde doğruları uygulamamızın yolu, toplumun bize öğrettiklerini yapmak yerine, kendimizi karşımızdakinin yerine koymaktan geçiyor.

Stoddart diye bir adam, "Çocuğunu günde bir kez döv, sen nedenini bilmesen bile o bilir." diyor. Stoddart gibi bir babanız olsa hayat nasıl geçerdi düşünün.

Mine çiçeği hikâyesinde beni şaşırtan şey ise şu: Madem birbirinizi o kadar seviyorsunuz, niçin mahkemeye kadar çıktınız? Niçin öncesinde birbirinize birbirinizi ne kadar sevdiğinizi söylemediniz? Çünkü hep öyle öğrendik değil mi? Sevgimizi söylemeyi, sarılmayı öğrenmedik. Türk filmlerinde adam mahkemede bile söylemez meramını, kız adamın yaptığı iyiliği 15 sene sonra şans eseri başkasından öğrenir. Ne yazık ki saçlarına ak düşmüş ve Önder Somer'le evlenip iki tane de yavrusu olmuştur. Hıçkırarak gittiği metruk balıkçı kulübesinde adamı son nefesini verirken bulur: "Haffet beni Kemal!", "Men sana hiç küsmedim ki!", "Naayır!"

Hani bir ara bir yoğurt reklamı vardı; adam yoğurt yiyip memleketini ve ailesini hatırlıyor ve hüngür hüngür ağlıyordu. Bir dostum anlatmıştı, dört yaşındaki çocuğu reklamı izliyormuş ve "Yeme be kardeşim, yeme." demiş. Nasıl harika mantık değil mi?

"İki gönül bir olursa samanlık seyran olur." diye bir söz vardır ya, burada bahsedilen gönüller kız ve annesinin gönlüdür.

Kıssadan hisse: İletişim deniz gibidir. Kişilere göre farklı formüller uygulamak zorundasınız. Bir gün iki metrelik suya dalarsınız, bir gün on beş metreye tek nefesle inersiniz. Hepsinde farklı teknikler kullanırsınız. Kişiler de öyledir. Hatta aynı yere yüzüncü dalışınızdır; bütün taş altlarını, deniz şakayıklarını tanıyorsunuzdur, o gün hava koşulları değişik olabilir.

İnsanları anlamak çaba gerektirir ve buna kesinlikle değer. Anlamaya başladıkça daha çok seversiniz.

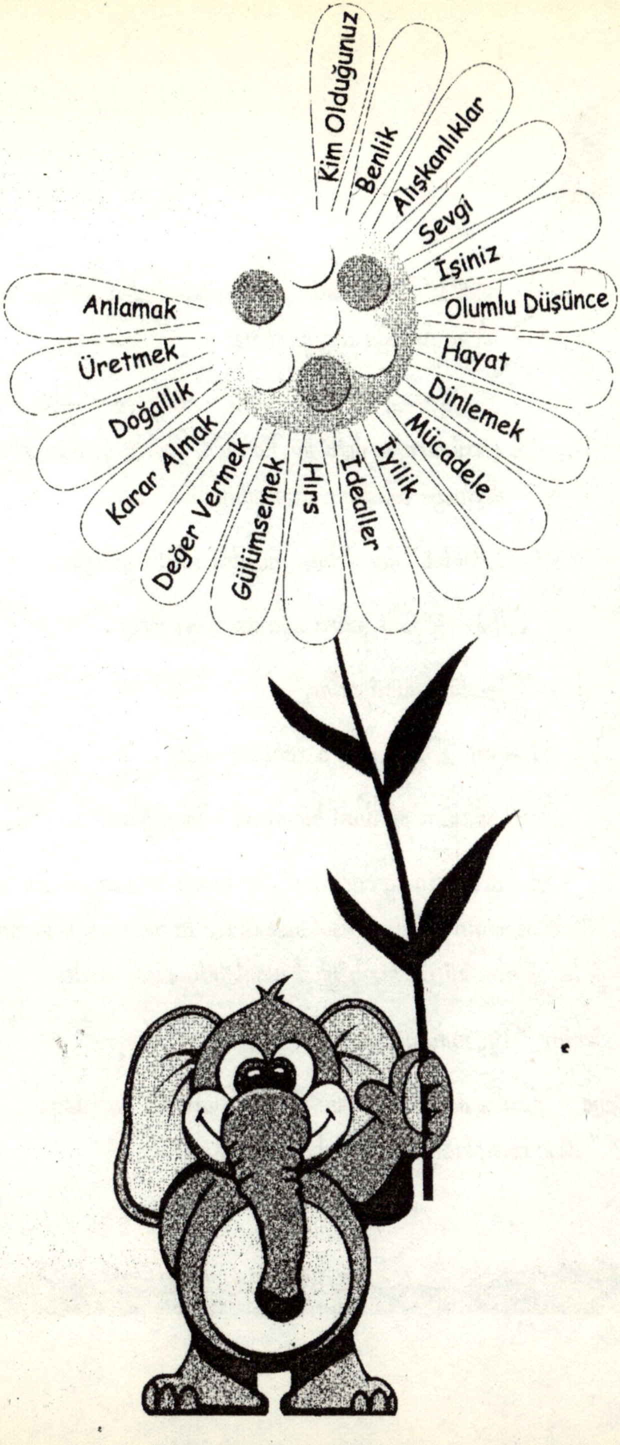

Kim Olduğunuz
Benlik
Alışkanlıklar
Sevgi
İşiniz
Olumlu Düşünce
Hayat
Dinlemek
Mücadele
İyilik
İdealler
Hırs
Gülümsemek
Değer Vermek
Karar Almak
Doğallık
Üretmek
Anlamak

ABD'nin ünlü üniversitelerinden birinde sekreter sabah dekanın odasına girer ve:

"Dışarıda yaşlı bir anne - baba var. Üstleri biraz döküle, çocuklarıyla ilgili bir konuda sizinle görüşmek istiyorlar, göndermeye çalıştım; ama gitmediler" der.

"Beklet." der dekan, nasılsa sıkılır giderler.

İki - üç saat sonra sekreter içeri girer:

"Efendim, gitmiyorlar."

Dekan "İçeri alın o zaman." der.

İçeri süklüm püklüm bir anne - baba girer.

"Oğlumuz sizin öğrencinizdi, bir sağlık sorunu sonucu burada öldü, onun anısını yaşatmak üzere üniversitenin herhangi bir yerine küçük bir heykel yapılabilir mi?" derler.

Dekan "Bu imkânsız!" der.

Baba, "Yanlış anlamayın, tüm masrafları biz karşılayacağız." diye cevapladığında, Dekan gülümser ve:

"Beyefendi, bu üniversitenin yıllık bütçesi bir milyon dolardır, siz ne diyorsunuz?"

Anne - baba hayretle birbirlerine bakarlar ve:

"Bir milyon dolar mı?" derler, "O zaman biz gidip kendi üniversitemizi kuralım!"

Giderler ve çocuklarının adına bir üniversite açarlar. Çocuklarının adı Stanford'dur. Stanford Üniversitesi'nin kampüsü bugün dünyanın en gelişmiş üniversite kampüslerinden birisidir.

"Birçok hayvan nevilerinde, süslenen erkektir. Tavus, tabiatın san'at üzerinde hakikî bir zaferidir.
Erkekler tarafında çift yaşamanın icap ettirdiği iktisadî mes'uliyetlerden kaçınmak temayülü görünen insan cemiyetlerinde, süse daha çok kadının ehemmiyet vermesi icap eder."

André Maurois[31]

[31] MAUROIS, André, "Yaşamak Sanatı", Kanaat Yayınları, İstanbul, 1958.

XIX. KAPI

GÖRÜNÜŞ ÜZERİNE

1972 yılında Pitsburgh Üniversitesi'nde yapılan bir araştırma, boyları 1.87 - 1.92 arasında olan mezunların hiçbir neden olmadan diğer mezunlara göre % 12 fazla maaş aldıklarını gösteriyor.[32]

İnsanlar hakkında karar verirken fiziklerinden etkilendiğimiz kesin. Albert Einstein'dan izafiyeti anlatması istendiğinde der ki: "Kızgın bir sobanın üzerinde bir saniye bir saat gibi geçer, oysa güzel bir kadının yanında bir saat bir saniye gibidir. İşte izafiyet budur!"

---

[32] COOPER, Ken, "Sözsüz İletişim", İlgi Yayıncılık, İstanbul, 1989.

Bir gün bir kamyonun arkasında görmüştüm: "Yollar gidişime, kızlar duruşuma hasta!" Abim nasıl duruyorsa artık![33]

Siz ne kadar "etkilenmiyorum" deseniz de, bilinçaltınız ayrım yapar. Çünkü dünya propaganda makinesi beyninize yıllardır yerleştirmişir. Meksikalılar tembeldir; bir filmde kötü bir adam varsa esmer ve siyah saçlıdır; "Şirinler" çizgi filmindeki Şirine büyüyle kötü bir kız hâline geldiğinde saçları siyah olur, iyi kalpli olduğunda tekrar sarışın hâle gelir.

Bugün ABD'de aykırı yönetmenler tepki olarak sadece zencilerin oynadığı siyah filmleri yaparlar. 74 yıllık Oscar tarihinde 2002 yılına kadar sadece Sydney Poitier en iyi aktör - aktris alanında ödül alabilmişti. Bu sene, ırkçılıkları dünyada çok konuşulunca iki ödülü birden iki siyaha verdiler.

Temel, ABD'de otobüs şoförlüğüne başlamış. Önde beyazlar, arkada siyahlar oturuyor. İki grup arasında bir anda

---

[33] Bir arkadaşım da kamyonun arkasında bir yazı görmüş. Bütün yol boyunca gülmüş! Pötürgeli Prens! Biliyorsunuz, Pötürge, bizde kraliyet merkezidir ve soylu kaynar.

kavga çıkmış. Temel durdurmuş arabayı sinirle:

"İnin aşağı." demiş, herkes inmiş aşağı.

"Ne kardeşim böyle, sen siyah, ben beyaz kavgası. Bundan sonra yok böyle siyah - beyaz. Hepiniz yeşilsiniz, anlaşıldı mı? Binin şimdi arabaya."

Bir süre sonra tekrar mırıltılar başlamış. Temel bakmış durum vahim, işini kaybedebilir, dönüp seslenmiş:

"Yalnız açık yeşiller öne geçsin, koyu yeşiller arkaya!"

Öyle bir dünya olmaya başladık ki insanlar giyimleriyle karşılanır, kuşamlarıyla uğurlanır olmaya başladı.

Telefon markanız, kişiliğinizi belirler oldu. Kullandığınız cep telefonu hattı, sizin özgür olup olmadığınızı gösterir oldu. Sigara markanız sizi maceracı yaptı. Dondurmayla seksi birleştirdiler beyninizde. Kullandığınız araba, sizi Amerikan aktörleriyle özdeşleştirdi. Hayattan zevk almak için belirli marka içecekler içmek zorunda kalır olduk.

Farkında mısınız; yedi cüceler artık ancak masallarda mutlu olabilir. Bugünün dünyasında hiç şansları yok. Pamuk Prenses suratlarına bile bakmazdı. Pamuk Prenses'i; magazin programlarında saçı jöleli, ağır parfümlü, iki cümleyi bir araya getiremeyen, gece bile güneş gözlükleriyle dolaşan züppelerle görürlerdi ancak. Yedi cücelerin böyle bir dünyada hiç şansları yok.

Ancak bir Ferrarileri, ellerinde bir Cola şişesi, Gucci ayakkabılar, şaçları da jöleli olursa biraz şansları olabilir.

Zulliani der ki: "Her kılıksız serseri olmayabilir, ama kılık kıyafetini hiç aksatmayan itin daniskasıdır."

Unutmayın yollar gidişinize, kızlar duruşunuza hasta!

Mevlana diyor ki: "Ne insanlar gördüm, üstlerinde elbise yoktu; ne elbiseler gördüm, içinde insan yoktu."

Bakın etrafınıza, o kara kutunun içinden size gösterdikleri pırıltılı dünyaya bakın, kaç elbisenin içinde insan var?

Hayatınız, Biri Bizi Gözetliyor evlerine döndü. Etrafta kameralar, evlerin içinde deri ceketli, güneş gözlüğüyle dolaşan jöleli böcekler.

"Biri Bizi Gözetliyor", doğru. Sakın bu Tanrı olmasın? Ya hepimizi yukarıdan gözetliyorsa? Bittik.

Zilis der ki: "Tanrı çıplaklığı onaylasa, hepimiz çıplak doğardık,"

Hayatla aranıza firmaları sokmayın.

Saatiniz sadece saati göstersin.

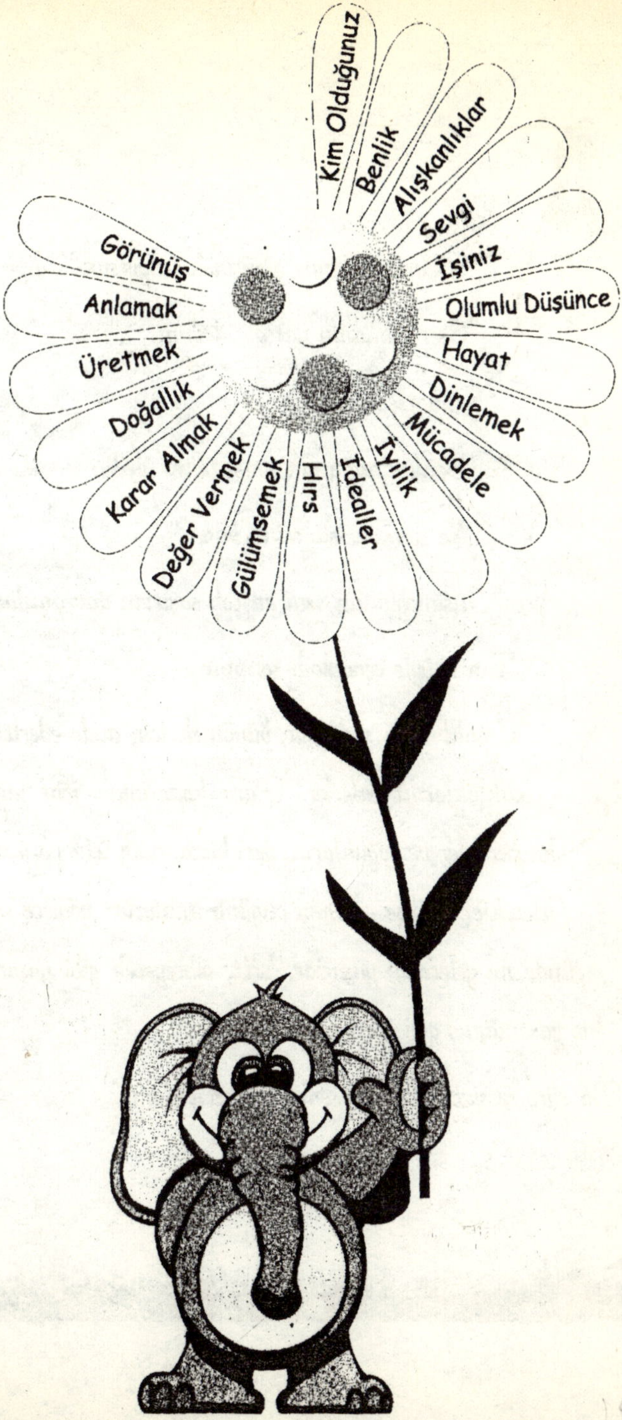
Kim Olduğunuz
Benlik
Alışkanlıklar
Sevgi
İşiniz
Olumlu Düşünce
Hayat
Dinlemek
Mücadele
İyilik
İdealler
Hırs
Gülümsemek
Değer Vermek
Karar Almak
Doğallık
Üretmek
Anlamak
Görünüş

"Demek benimle görüşmek istiyorsun?" diye sordu Tanrı.

"Eğer zamanın varsa." dedim.

Gülümsedi,

"Benim zamanım sonsuzdur." dedi.

"Ne sormak istiyorsun bana?"

"İnsanoğlunun seni en çok şaşırtan davranışlarını."

Tanrı şöyle cevapladı sorumu:

"Çocukluktan sıkılırlar, büyümek için acele ederler ve sonra çocukluklarını özlerler. Para kazanmak için sağlıklarını kaybederler ve sağlıklarını geri kazanmak için para verirler. Gelecekten endişe ederken bugünü unuturlar, böylece ne bugünde ne gelecekte yaşarlar. Hiç ölmeyecek gibi yaşarlar, hiç yaşamamış gibi ölürler."

Bir süre sessizce oturduk, sonra tekrar sordum:

"Bize vermek istediğin hayat dersleri var mı?"

Tanrı bir gülümseme ile yanıtladı sorumu:

"Kimseye kendinizi sevdiremezsiniz, yapabileceğiniz kendinizi yalnızca sevilmeye bırakmak. Kendinizi başkalarıyla kıyaslamayın. Zengin bir insan hayatta en çok şeye sahip olan değildir, en az şeye ihtiyacı olandır. Sevdiğiniz insanları birkaç saniyede yaralayabilirsiniz; ama yaralarını iyileştirmek yıllar alabilir. Affetmeyi, affederek öğrenirsiniz. Sizi çok seven insanlar vardır; ama duygularını nasıl ifade edeceklerini bilemeyebilirler. İki kişi aynı şeye bakabilir; ama farklı şeyler görebilir. Bazen başkaları tarafından affedilmek yetmez, siz kendiniz de kendinizi affetmelisiniz..."

"Dağları oynatabileceklerine inananlar bunu yaparlar. İnanmayanlarsa bunu yapamazlar. İnanç insanın yapma gücünü harekete geçirir."

D. J. Schwartz

XX. KAPI

İNANÇ ÜZERİNE

Bu konuya hiç değinmeden geçmek çok akıllıca olurdu.

Uzay, Allah, hayatın var oluşu, geçmiş, gelecek ve niçin var olduğumuz sorusu; beyninizi ne kadar kurcalıyor?

Hiç kurcalamıyorsa şu sa'atten sonra kurcalar belki.

Tanrının varlığına ve inandığınız dinin doğruluğuna çok içten ve kalben ikna olmak ya da olmadığına inanmak ve sonuçta bu konuda gerçek bir karar vermeniz tutarlı ve mutlu bir hayatın en önemli anahtarlarındandır.

Kimse, dini doğru olduğu için o dine inanmaz, sadece öğretildiği için inanırız.

Aksi takdirde Almanların büyük çoğunluğu Katolik, Yunanlılar Ortodoks, Türkler Müslüman, Yahudiler Musevi olmazdı. İtalyanların bir bölümü Müslüman, bir bölümü Hıristiyan, bir bölümü Budist olabilirdi. Hayır öyle değil. Herkes nerede doğduysa, gözünü nerede açtıysa, o kültürün sahip olduğu dinin doğruluğunu kabul eder.

İnandığı dini hiç araştırmadan koca bir hayatı geçirir gider. Eğer aile çevresi fazla serbest bırakmışsa en fazla ateist olur.

Öyleyse okumamız gereken ilk kitap; Orhan Pamuk'un "Kara Kitabı'ndan", Victor Hugo'nun "Sefiller'inden", Şerif İzgören'in kitaplarından (kendimi de acaba bu ekibin içine sokabilir miyim diye bir debelendim; ama olmadı, hemen fark ediliyor değil mi? Neyse) önce hangi dine inanıyorsak onun kitabı olmalı. Çünkü okumadan ve öğrenmeden hayatınızın temel değerlerinden birine karar vermek zorunda kalmamalısınız.

Aranızda hiç okumadan senet imzalayan var mı?

Peki din konusunda nasıl böyle yapabilirsiniz? Bir ateist de Kur'an-ı Kerim'i ve diğer kitapları okumalı, belki aklına bir soru işareti düşer. Bir inanan da tüm kitapları ve aksini savunanları okumalı, belki aklına bir soru işareti düşer.

Gönülden ve gerçekten inancın temeli bu.

Karl Marx: "Din kitlelerin afyonudur." der. Artık "Kitleler dinin afyonu" olmaya başladı. İnsanlar inandıkları hakkında yeterince bilgili değilse, biraz yetkinliği olanlar, arkalarına aldıkları kitleler vasıtasıyla dini etkileyebilir.

Örneğin, Papa bugün tüm dünyadaki en büyük güçlerden biri durumunda.

Bir ilahi der ki: "Burhan sorardım aslıma, aslım bana burhan imiş!" (Kendime Tanrı'yla ilgili delil sorardım, meğer kendim delilmişim.)

Karl Marx: "Din kitlelerin afyonudur." der. Artık "Kitleler dinin afyonu" olmaya başladı.

Buradan yola çıkın ve din üzerine okuyun.

Çoğumuzun yapmadığını yapın ve aslınıza burhan sorun.

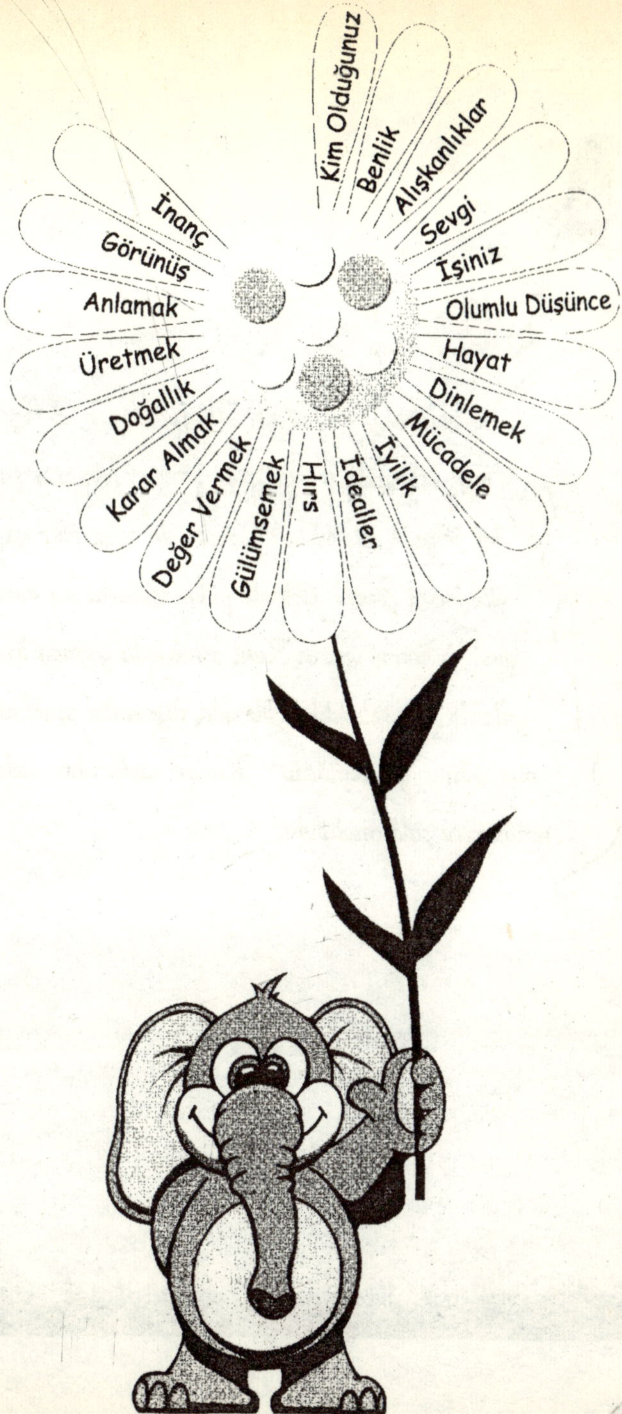
Kim Olduğunuz
Benlik
Alışkanlıklar
Sevgi
İşiniz
Olumlu Düşünce
Hayat
Dinlemek
Mücadele
İyilik
İdealler
Hırs
Gülümsemek
Değer Vermek
Karar Almak
Doğallık
Üretmek
Anlamak
Görünüş
İnanç

Avustralya'nın kâşifi Thomas Cook, Atlas Okyanusu'nun ortasında bir yerlerde göçmen kuşların çığlıklar atarak bir bölgede dolaştıklarını, sonra da suya pike yaparak intihar ettiklerini görür. Bölgede yıllar içindeki araştırmalar çok ilginç bir sonuç getirir: Tam o noktada göçmen kuşların yüzyıllardır konakladıkları bir ada, depremler sonrasında okyanus altına gömülmüştür. Kuşlar atalarının mola yerine umutsuzca saldırmaktadır.

"Öfkeli iken konuş, göreceksin ki pişman olacağın en güzel konuşmayı yapmış olacaksın."

Ambrase Bierce

XXI. KAPI

İLETİŞİM ÜZERİNE

İletişimi başlatmak için yapılan o ilk konuşmalara, ilk çabalara dilbilimde "fatique communion" deniyor.

Hani o kız isteme sahnelerinde vardır, Timur ve Bayezid'in orduları gibi iki aile karşılıklı buz gibi otururken, birisi "E, havalar da soğudu." der. İki aile yarım saat havalar üzerine konuşur; siz de "Kızı istemeyecekler mi? Ne oldu acaba? diye panik olursunuz.

Ya da Lüks Adana otobüsünde yanınıza oturan kişi "ekspres servis direkt Adana" yazısına baka baka:

"Yolculuk nereye hemşehrim?" diye sorar.

"Ben Viyana'ya gidiyorum, yanlış otobüse bindim." deyin.

Aslında nereye gittiğinizi sormuyor, sorunun meali şu: "Ben sizinle tanışmak istiyorum, bütün yol yalnız çekilmez." Ama bunu direkt söylemiyor.

Ankara'da müthiş bir yağmura yakalandım. Hemen yanımda uzun süredir görmeyi düşündüğüm bir giyim mağazası... İçeride dört tezgâhtar kız camdan dışarıyı seyrediyorlar. Dışarıyı sel götürüyor. İçeri girdim.

Kızlardan biri gülümsedi, "Yağmur mu yağıyor?" dedi.

"Hayır, su kamyonuna çarptım." dedim.

Ben çıkana kadar kıkırdadılar.

Aslında söylediği şey: "Merhaba, hoşgeldiniz, size bir şeyler satmam lazım."

Biz konuya direkt girmek konusunda biraz zorlanırız. Selamlaşma tamam, tüm dünyada var.

- Merhaba, nasılsın?

- İyiyim, sen nasılsın?

- Ben de iyiyim.

Buraya kadar tamam. Ama "Daha daha nasılsın?" lafı bir tek Türkçede var. Allah aşkına aranızda "How are you more more?" diye bir şey duyan var mı? Yok. Adam direkt konuya giriyor çünkü.

Londra metrosu... Herkes bir kitaba gömülmüş... Herkesin yüzü asık, vagonda çıt yok. "Elephants" diye bir durakta durduk. İçeri elinde gitarı ve amfisi olan bir adam girdi. "Sevgili ağabeylerim ve ablalarım, nasılsınız? Gitar çalarak hayatımı kazanan ben, şimdi size" falan demeden:

"Sorry, I'm late"[34] dedi. Herkesin yüzüne bir gülümseme geldi ve çalmaya başladı.

İletişimin başlangıcında havayı ısıtmak için "buz kırma" işlemi olarak adlandırılan konuşmalar gereklidir; ama gerektiği kadar yapılması şartıyla.

Bu derdi askerlik yapmış her erkek bireyimizle yaşarsınız. Karşılaşıp karşılaşacağınız en tehlikeli cümle "Bir bölük komutanım vardı..." diye başlar. Sonra bitmek tükenmek bilmez askerlik hatıraları gelir. Hele sizin geçmişte subay olduğunuzu öğrendiyse bittiniz.

Gözleri dalar ve:

"Bir bölük komutanım vardı, beni çok severdi." Devam eder:

"Askerdeyken çok rahattım, hiç nöbet tutmadım. Hiç dayak da yemedim."

Sonra yine gözleri dalar:

"Bir kere yedim; ama tam yedim."

"Bugün bu noktaya geldiysem o dayak sayesindedir." şık şık şık...

---

[34] Özür dilerim, geç kaldım.

Siz şimdi "şık şık şık" ne diye merak ettiniz ya; "Şık şık şık" makas sesi. Bunu saçımı kesen berber söyledi. Yalnız o bölük komutanı o gün iki tokat daha geçirseydi, arkadaş bugün Berberler Federasyonu Başkanı olurdu.

Uzun süre Türkiye'de yaşamış Ann Flynn diye İrlandalı bir arkadaşım vardı. İki yönümüz çok dikkatini çekmiş. Birincisi, aklımızdakini bir türlü direkt söylemiyoruz. İkincisi, sokaklarda ne çok kedi ve Mercedes var!

Ann'e sokaklarda bu kadar çok bakımsız kedi olmasının nedeninin bu kadar çok Mercedes olması olduğunu anlattım. Gelir dağılımının adaletsizliğinde dünya dördüncüsüyüz. Birinci eleştirisinden ise çok şey öğrendim, "direkt olmak" yaklaşımından.

Annem'le yeğenim Erim yürüyerek karşıdan karşıya geçecekler; bizim velet arkalarından bağırıyor: "Dikkat edinn, ölmeyinn!" Ne kadar direkt değil mi?

Sevgili dostum Erten Gökçe anlatmıştı. Bir gecekondu bölgesinde yapılan araştırmada kadınların % 65'i dayak yediklerini belirtiyorlar. Kocalarıyla yapılan ankette "dayak atıyorum." diyen erkeklerin oranı çok çok düşük çıkıyor. Soruyu değiştiriyorlar ve erkeklere "Bazen bir tane çaksam diyor musunuz?" diye soruyorlar. Bu sefer "Evet" diyenlerin oranı % 68 çıkıyor.

Aklınızdakini direkt söyleyin.

Eğer öyle yapmazsanız bunun iki dezavantajı vardır: Karşınızdaki tahmin ettiğinizden daha salaktır ve anlayamayabilir. İkincisi; karşınızdaki tahmin ettiğinizden daha akıllıdır, anlamazlıktan gelebilir.

Unutmadan, on iki yıl üniforma giydim; fakat çok rahattım, hiç nöbet tutmadım, bir bölük komutanım vardı...

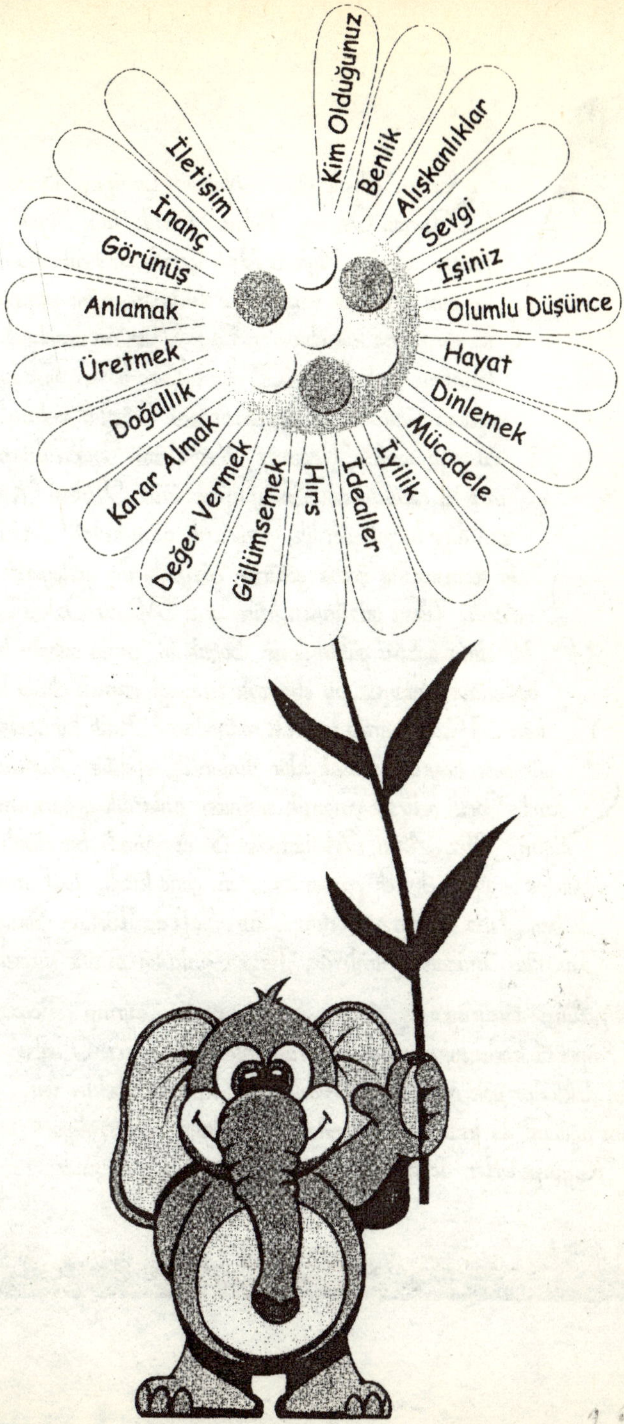
Kim Olduğunuz
Benlik
Alışkanlıklar
Sevgi
İşiniz
Olumlu Düşünce
Hayat
Dinlemek
Mücadele
İyilik
İdealler
Hırs
Gülümsemek
Değer Vermek
Karar Almak
Doğallık
Üretmek
Anlamak
Görünüş
İnanç
İletişim

Sadri Alışık öldü, Nubar Terziyan, Samî Hazinses, Turgut Özatay, Belgin Doruk öldü. Siyah - beyaz Türk filmleri vardı. Ayhan Işık içeride ders çalışırken, mum ışığında onu okutmak için gizlice dikiş diken bir annesi vardı. Araba çarpıp da kör oluveren Ediz Hun'un ameliyatını yapan doktorlar ne de babacandı. Ya o boğaza bakan tanıdık tepedeki çam ağacının altında el ele tutuşmalar. Kızlar, aşkından verem olurdu o günlerde. Hepimiz Kemalettin Tuğcu kitaplarından fırlamış iyi çocuklardık. Kayınpederimiz Hulusi Kentmen gibi olsun diye hayal ederdik, yüzü asık, altın kalpli! Adile Naşit hasta komşusuna çorba götürür, gözyaşlarını gizleyerek kahkahalar atardı. Turşu yüzünden küserlerdi Münir Özkul'la, ağzımızda bir elma dolusu gülümseme. Soğuk bir cuma sabahı bir elimizde beslenme çantamız, bir elimizde tereyağlı ekmek okula hazırlanırken AGA marka lambalı radyodan "Halk hikâyeleri" diyen gür sese hayran, masalcıklar dinlerdik; efektör Korkmaz Çakar!.. Belli belirsiz çıngırak sesinden anlardık yoğurtçunun geldiğini, Filiz Akın, Mithatpaşa Stadı önünde, bir elinde Beşiktaş bayrağı, ekmek parası kazanan genç kızdı. Laf aramızda ben Filiz Akın'a âşıktım, Nuri Safı da Türkan Şoray'a. İnsanlar ölmezdi o filmlerde. Bazen, o da bir saniye sürerdi.

Yollara tükürüyoruz şimdi. Sevdiğimizden ayrılıp Boğaz Köprüsü korkuluklarında kameramanlar bekliyoruz. O babacan doktorlar yok artık, hastanelerde rehin kalmış bebekler var. Çam ağacını da kesmişler, yerinde gecekondular varmış diyorlar. Kayınpederler artık güleryüzlü, devlet ihalesi peşinde,

Uğur Dündar'dan kaçıyorlar. "Yeter ki gel bana senede bir gün" derdi şarkılar, şimdi "Neremi, neremi" diyor sarı saçlı şarkıcı. Gençlik pop yoluna gidiyor. Veremle Savaş Derneğimiz var, kızlar, aşkından AIDS oluyor artık. Arabalar şöyle bir dokunup kör etmiyor, freni patlamış kamyonlar sokakta oynayan çocukları ezip, evlere giriyor. Döner bıçağıyla gidiyoruz maçlara, kapıda bıyıklı adamlar bayrak satıyor. Maçtan önce birlik beraberlik ruhuyla İstiklal Marşı okuyup, sonra hep beraber birbirimizin sülalesine küfrediyoruz. "Ben tarikatçıların oyununa geldim." diyor, yatakta gizlice kameraya alınmış Filiz Akın saçlı kız, dudaklarımızda banka reklamlarındaki mutlu çiftlerin sahte gülümsemesi. Sabahları SONY Hi - fi'den Cem Ceminay dinliyoruz. "Aygaaaz, dı dı dımm" diye inliyor kulaklarımız akşamın sekizinde. Ölümler artık yüzlerce yetmiş milyon saniye sürüyor, simsiyah bir kutunun sayesinde. İşin kötüsü, kanıksadık tüm bunları galiba.

Artık sokaklarda yaşlıları karşıdan karşıya geçiren çocuklar yok, otobüslerde gazilere ait oturma yerleri de yok. İşin kötüsü artık gaziler de yok.

Tam bir hafta TRT'nin son haberlerinin sonunu dinledim. "Kurtuluş Savaşı gazilerinden .... vefat etmiştir." haberi var mı diye? Hiç yoktu. Artık bu ülkede 29 Ekimlerde gururla önümüzden geçen o dürüst, vatanperver, borsa, döviz kurları ve yolsuzluklardan habersiz saygıdeğer insanlar da yok. Son defa Kurtuluş Savaşı'nda kurtarmıştık bu ülkeyi, bir daha kurtarmamacasına.[35]

---

[35] İZGÖREN, Ahmet Şerif, "İş Yaşamında 100 Kanguru", Elma Yayınevi, Ankara, 1999.

"Korkma; ışığın ve ısın vermekle bitmez, uzun dönemde verdiğinden daha fazla aldığını görebilirsin."

Cengiz Alkış[36]

[36] ALKIŞ, Cengiz, "26. Kilometre", Elma Yayınevi, Ankara, 2002.

XXII. KAPI

YURT SEVGİSİ ÜZERİNE

Ben bu satırları yazarken memur sendikaları ayaklandılar. Görüşmeler, grev tehditleri ve yakında seçim derken tüm memurlara 100 milyon zam yapıldı. Bu zammın üç ay içinde bütçeye getireceği yük 400 trilyon liraymış! Aynı esnada ekonomik kriz yüzünden yüzbinlerce insan özel sektörde işten çıkarılmış durumda. 1996-2000 yılları arasında, dört yıl içinde, 600.000 insan devlette işe alınmış.

İkinci Dünya Savaşı sırasında rahmetli İsmet İnönü, "Zor durumdayız, herkes nikâh yüzüklerini versin." der. İnsanların durumu bu güne göre onlarca defa daha kötü; insanlar mısır saplarının öğütülmesinden yapılmış ekmekleri karneyle alabiliyorlar, şeker yok, un yok... Koca bir ülke... Herkes çıkarır nikâh yüzüğünü, ülkesi için verir.

Bugün deseler ki ülke batıyor (ki batıyor) şu aldığınız zammın yarısını verir misiniz? Hiç kimse vermez.

Çünkü yurdumuzu artık sevmiyoruz.

Hepimizin kalplerinden yurt sevgisini ufak ufak, parça parça aldılar. Ben artık ne alacaksam alayım Türkiye'de üretilmişini seçmeye çalışıyorum. Küçük bir adım ama belki işçinin maaşını kurtarırım diye düşünüyorum.

Gazetelerde okudum, en son İstanbul'da oynanan milli maçta Fenerbahçeli ve Galatasaraylı taraftarlar maç boyu birbirlerine küfür etmişler. Yıllar önce böyle bir şeyin olabileceğini düşünebilir miydiniz?

Sahadakiler de Avrupa Şampiyonası'nda çeyrek finale çıktıkları için normal olarak verilen inanılmaz yüksek primlerin dışında, federasyon başkanının "Bunlar da benden" diyerek verdiği ciplerin markasını beğenmeyip isyan etmişlerdi. Cipler Mercedes markaya çevrilince kabul ettiler. Cip markasını beğenmeyen adamlara "Bundan sonra prim yok." deyin, bakın kaçı ülkesi için oynamaya gelecek. TOBB, Dünya Kupası'nda finale çıksalar da bir trilyon prim verecekti. Ülkede fabrikalar batıyor, esnaf mahvolmuş; Odalar - Borsalar bir trilyon prim veriyor. Kimin parasını kime veriyorsunuz?

Her sene Çanakkale Şehitleri'nin anısına Avustralya ve Yeni Zelanda'dan on binlerce insan tören için Çanakkale'ye gelir. O törenlere bir avuç Türk katılır. Onların yarısı da turist tavlamaya gelir. Biz bu güzel yurdu sevmiyoruz.

Sevgimizi kalbimizden parça parça, sezdirmeden aldılar.

"Afrika'da bir nehrin bir tarafı Gambiya, bir tarafı Senegal. Gambiya, İngiliz sömürgesi, Senegal ise Fransız. Bunlar aynı dili konuşan bir kabileymiş. Artık birbirleriyle konuşamıyorlar."[37]

(Oktay Sinanoğlu'nun bütün kitaplarını mutlaka okuyun, çok etkileyici).

1920'lerde; "Türk Övün, Çalış, Güven" denilen bir yurtta, "Neyle övüneyim? Nerede çalışayım? Kime güveneyim?" diyecek duruma geldik.

Yunanistan'da beş yaşına kadar olan 1.000 çocuktan 6'sı ölüyor, bizde rakam 61!

"Bizi yöneten insanların suçu bu!" Hayır. Aynı herifleri alın, partisi, parlamentosu, koltuğu, makam arabaları, bıyıkları, beyaz çorapları ve Rus revü kızlarıyla beraber Almanya'nın başına koyun ve "Yönetin burayı." deyin, orayı bozamazlar.

Ölen 61 çocuğun vebali hepimizin.

Okul minibüsüyle sürat yapan şoförün, benim akciğer kanseri olan arkadaşımın SSK'da yüzüne bakmayan, ama muayenehanesinde ilgi meleği kesilen doktorun, yavru ba-

---

[37] SİNANOĞLU, Oktay, "'Bye-Bye' Türkçe", Otopsi Yayınları, İstanbul, Şubat 2002.

lıkları trolle avlayan balıkçının, hastanesini temiz tutmayan temizlikçinin, lokantasını temizlemeyen garsonun, rüşvete boğulmuş memurun...Bu kitabı okuyan sizin ve benim...

Hiçbirimiz işimizi iyi yapmıyoruz.

O yüzden ülke hukuksuz, sağlıksız ve eğitimsiz.

Hiçbirimiz yurdumuzu hakettiği kadar sevmiyoruz.

Kıbrıs'ta ülkesine yapılan saldırıyı ve mezalimi bizzat yaşayanlardan Turgay Avcı'nın, Aysel Soykara'nın, İlkay Muratağa'nın, Ali Eyüboğlu'nun ülkelerini nasıl sevdiklerini gördüm. Ülkenizi sevmeniz için mutlaka egemenliğinizi kaybetmek noktasına gelmeniz gerekmez.

Bu ülkeyi sevin yoksa;

"Her koyun kendi bacağından asılır." diye düşünürken yakında hepsi kendi bacağından asılmış koyunlarla dolu bir mezbaha olacağız ve insanlar bizi en fazla üç saniye bir MTV klibinde görecekler, Amerikan bayrağından yapılmış bir bikiniyle dans eden kızların arka fonunda...

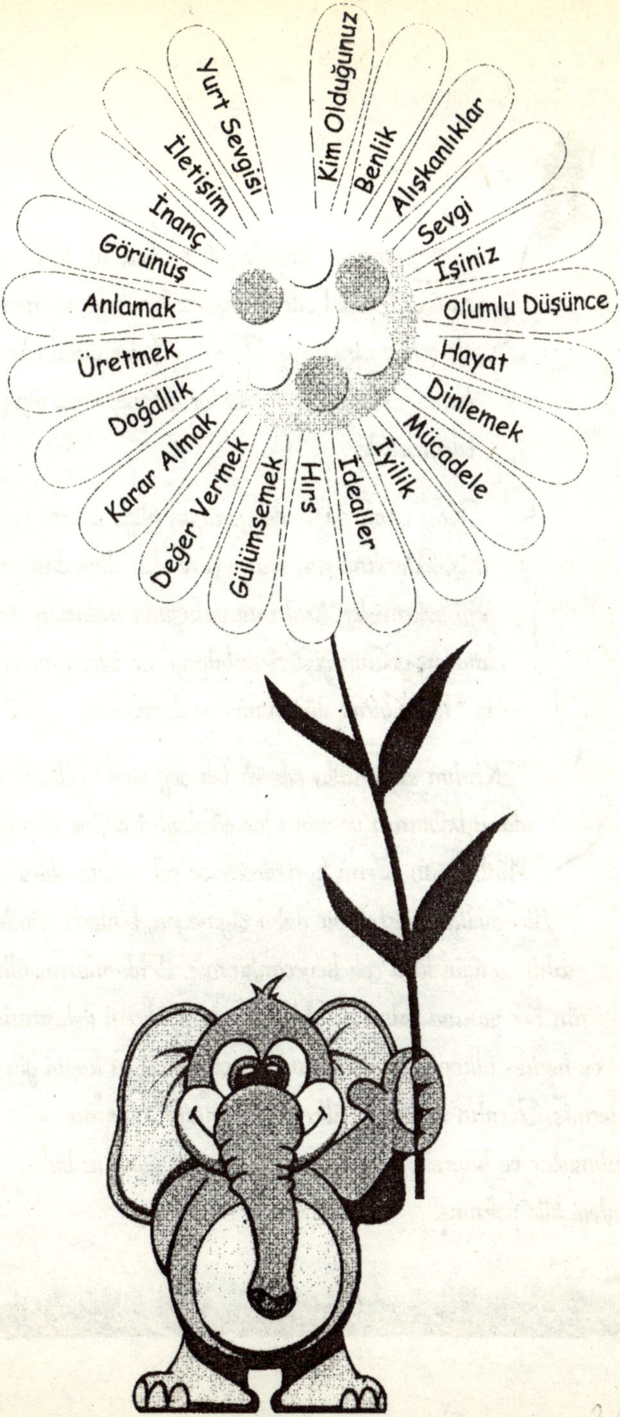
Kim Olduğunuz
Benlik
Alışkanlıklar
Sevgi
İşiniz
Olumlu Düşünce
Hayat
Dinlemek
Mücadele
İyilik
İdealler
Hırs
Gülümsemek
Değer Vermek
Karar Almak
Doğallık
Üretmek
Anlamak
Görünüş
İnanç
İletişim
Yurt Sevgisi

Zamanın birinde çok mutsuz bir kral varmış. Hayal edebileceğiniz her şeye sahipmiş; ama yine de çok mutsuzmuş. Uzak ülkeler dâhil her yerden şaklabanlar, sirkler, dalkavuklar gelmiş; ama yine de kralı mutlu edememişler.

Kral uzak dağlarda yaşayan bilge adamı çağırmalarını istemiş. Derdine olsa olsa o çare olur diye düşünmüş. Yaşlı bilgeyi getirmişler, kral mutsuzluğunu anlatmış ve ona mutlu olmanın yolunu gösterirse bilgeye ne isterse vereceğini söylemiş. Bilge biraz düşünmüş ve demiş ki:

"Kralım sizi mutlu edecek tek şey var: Ülkede en mutlu adamı buldurun ve onun bir gömleğini ödünç alıp giyin. Mutluluğun sırrını keşfedecek ve çok mutlu olacaksınız."

Bir giydiği kıyafeti bir daha giymeyen, binlerce gömleğe sahip zengin kral çok heyecanlanmış. Adamlarını ülkenin her yanına salmış. Adamları tüm ülkeyi dolaşmışlar ve herkes ülkenin en mutlu adamı olarak aynı kişiyi göstermiş. Kralın adamları ülkenin en mutlu adamını bulmuşlar ve hayretle görmüşler ki en mutlu adamın bir gömleği bile yokmuş!

"Ben gelecekle ilgilenirim; çünkü yaşamımın kalanını orada tüketeceğim."

Charles S. Ketterip

XXIII. KAPI

GELECEK ÜZERİNE

Hep öğrenmek istediğim, bir türlü cevabını alamadığım bir soru vardı: "Kaderimizi biz mi belirliyoruz?" Lisede din dersi hocam olan, sonrasında çok az öğrenci - öğretmen arasında olabilecek bir dostluğumuzun olduğu Mehmet Alkan Hocam çok güzel açıklamıştı kaderi: "Hayatınız bir film şeridi gibi Allah'ın önündedir. Tüm hayatınız... Geçmişinizi ve geleceğinizi gösteren tüm kareleri oradan görebilir, kolay kolay müdahale etmez. Hayatınızı ve kaderinizi siz belirlersiniz."

Başınıza neler geldiğinden çok, sizin içinizde neler olduğu önemlidir. Hayatınızın % 10'unu belki dış faktörler belirler,

% 90'ını ise sizin yaptıklarınız ve yapmanız gerektiği hâlde yapmadıklarınız belirler.

Bundan nasıl bir sonuç çıkarabiliriz? Allah'a inanın; ama arabanıza da alarm taktırın, özellikle de İstanbul'da.

Hayatın tam bir "Kendin pişir, kendin ye." olduğunu düşünüyorum. Ne pişirirsek onu yeriz.

Bilkent Üniversitesi'nde 1998 yılında bir seminer veriyorum, "Beden Dili ve İletişim" üzerine. Yarım "O" düzeninde bir amfi... Tıklım tıklım kalabalık... Seminerin ortalarında izleyiciler arasında gözleri görmeyen bir dinleyici fark ettim. Gözleri görmüyordu ve sessizce "beden dili" seminerini dinliyordu. Dinleyiciyi fark edince, seminerin tüm akışını fark ettirmeden değiştirdim. Gözleri görmeyen öğrencinin işine yarayacak bilgileri, onun anlayacağı tekniklerle anlatmaya başladım.

Seminer sonunda yanıma geldi, o gelmese ben kendisinin yanına gidecektim. Süleyman Arı, Bilkent'te öğrenciymiş. Bana sorular sordu, cevapladım. Gözleri görmediği için kendini yeterince ifade edemediğini anlattı. Daha önce kimsenin hareketlerini görmediği için hiç hareket etmeden konuşuyordu. Süleyman'a görüşme ayarladım ve ACADEMY'ye ziyaretime geldi; doğallığını hiç bozmadan birkaç hareket çalıştık, gülüştük, birbirimizi tanıdık. Süleyman'daki hayat iradesini ve başarma isteğini büyük bir sevgiyle izledim, önerilerde bulundum. Üniversiteyi bitirince yurt dışında master yapmayı istiyordu. Bunu birçok öğrenci istiyordu, Süleyman'ın farkı ise gözlerinin görmemesiydi.

Maddi durumu da yetersizdi. Karanlık bir dünyadan yine etrafında tanıdığı hiç kimsenin olmadığı bir dünyaya gitmeyi istiyordu.

Süleyman Arı bugün ABD'de burslu olarak master yapıyor. Hayatının ilerideki safhaları da hepimize örnek olacak. Kendine inanıyor, kim olduğunu biliyor, ne yapmak istediğine karar vermiş.

Tatil köylerinde üç yaşındaki Alman çocuklar kendi yemeklerini kendi yer, bizim beş yaşındaki çocukların anneleri peşlerinde yemek yedirmek için koşturur.

Başarı nedir?

Tüm Amerikan filmleri size başarıyı pompalar. Modern zaman hikâyeleri hep başarı üzerine kurgulanmıştır. Film kahramanı en sonda hep başarır. Ya birinci seçilir, ya öcünü alır, ya sevdiği kız onun olur, ya da filmin başındaki kötü takım yeni antrenörüyle birlikte şampiyon olur. Zenci okulunda beyaz hoca ele avuca sığmaz sınıfı adam eder, alkışlarla okuldan ayrılır.

Filmlerdeki Amerikalı kahramanlar hep başarır, biz mutlu bitiririz filmi. Hep başaranlar vardır sahnede, onlarla tatmin oluruz. Onların kullandığı ürünleri kullanır, iyice rahatlarız. Göstergeler başarı üzerine kuruludur.

Elimizde patlamış mısır ve kola, Bruce Willis'in başarılarını seyretmek; bir elimizde kalem, bir elimizde defter kendi başarımız için çalışmaktan daha kolaydır.

Filmler yerine hayatı dikkatle gözlerseniz, bir kazananın etrafında onlarca kazanamayan olduğunu görürsünüz. Kaybettiğinizde en azından alınacak dersi kaybetmemekte fayda var.

Belki de başarı size okulların, TV programlarının, filmlerin etrafınızdaki çıstak lüks arabaların pompaladıkları değildir.

Başarı istediğinizi elde etmenizdir, mutluluk ise elde ettiğinizi istemeniz.

Okulda a, b, c, d şıkları arasına sıkışmış bir hayat sunuyorlar size. Tüm geleceğiniz a, b, c, d şıklarından hangisini seçtiğinize bağlı. Dört şıkkın arasına sıkışmış bir başarı sistemi.

Okul bitip hayata atıldığınızda bir bakıyorsunuz hiç a, b, c, d şıkkı yok. Seçenekleri siz yaratıyorsunuz ve ürettikleriniz hiçbir zaman 100 üzerinden değil.

Tüm bir sistem sizi başarıya muhtaç hâle getirmek üzere kurulmuş durumda.

Öde ve mutlu ol.

Her gün başarınızı ölçecekleri yeni ürünler çıkarıyorlar. Her ürün birbirinden daha gelişmiş, daha karmaşık, daha tutkulu, cinsellik ve başarı dolu...

Ne olduğu önemli değil, ütüye de cinsellik karıştırabilirler. Müzik seti satın almayla hayatta başarılı olmayı da birleştirebilirler.

Başarıya daha az muhtaç olun.

Karşınıza bir problem çıktığında bilin ki aşarsınız.

Yeter ki çıkın karşısına problemin ve onu yeneceğinizi bağıra çağıra söyleyin.

Hayata hiç isyan etmeyin. Öncelikle şunu kabul edin, hayat adil değil. Hiçbirimiz, hiçbir canlı eşit yaratılmadı. Başımıza gelenler de eşit değil. Önce hayatın adil olmadığını kabul etmelisiniz. İşine akıl erdirebildiğiniz bir Tanrı, Tanrı değildir.

"Guguk Kuşu" filminde Jack Nicholson akıl hastanesinde çok ağır bir mermer havuzu kaldırabileceğine dair diğer hastalarla iddiaya girer. Yüklenir ve havuzu kaldırmaya çalışır, kaldıramaz. Diğer hastalar onunla alay ederken bir şey söyler:

"Ben en azından denedim."

Siz gerçekten denediniz mi? Yoksa pencereden hayatı mı seyrediyorsunuz? Hayata Windows 98'den, Sony 72 ekrandan mı bakıyorsunuz?

Geçenlerde işsiz bir gazetecinin muz isteyen kızına muz alamadığı için üzüntüsünü anlatan bir yazı okudum ve içimi bir hüzün kapladı. Muzu alamadığı için değil, muzu almak için 1019. lokantaya kadar koşturmadığı için. Kendisini bilmem; ama en azından o çocuk o çabayı hak ediyor.

Emin olun ben giderdim.

Türkiye'de işsizlik var, kriz var, devlet şöyle, şartlar böyle.. Nerede bu devlet?

Bırakın Allah aşkına! Bu ülkede herkes işini o kadar kötü yapıyor ki işinizi doğru dürüst yapıp da başarılı olmama ihtimaliniz yok.

Mutluluğun, sahip olduğunuz gömleklerle ilgisi olmadığını fark ettiğiniz gün, her şey sizin için harika olacak.

Gözlerinizden öpüyorum. Sağlıcakla kalın.

www.izgoren.com

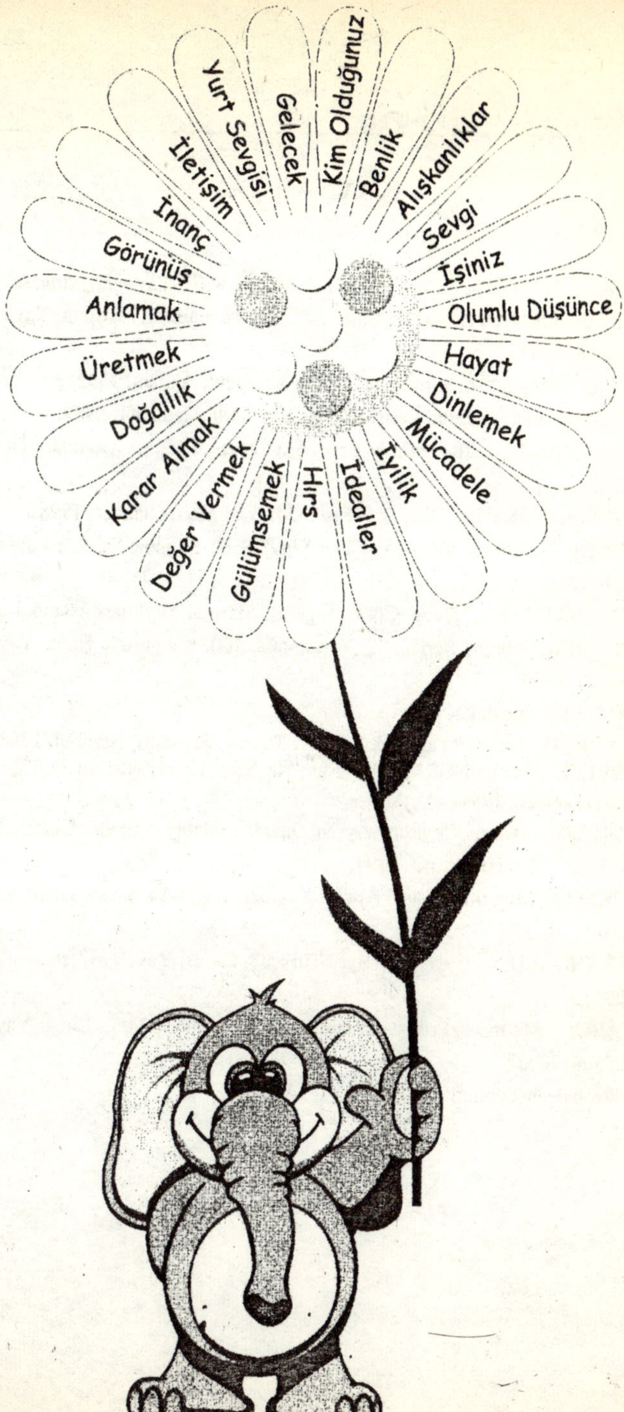
Yurt Sevgisi
Gelecek
Kim Olduğunuz
Benlik
Alışkanlıklar
Sevgi
İşiniz
Olumlu Düşünce
Hayat
Dinlemek
Mücadele
İyilik
İdealler
Hırs
Gülümsemek
Değer Vermek
Karar Almak
Doğallık
Üretmek
Anlamak
Görünüş
İnanç
İletişim

KAYNAKÇA

- ABASIYANIK, Sait Faik, "Seçme Hikâyeler", MEB Yayınları, Ankara, 1990.
- ALDER, Dr. Harry, "NLP, Sinir Dili Programlaması", Sistem Yayıncılık, İstanbul, 1997.
- ALKIŞ, Cengiz, "26. Kilometre", Elma Yayınevi, Ankara, 2002.
- COOPER, Ken, "Sözsüz İletişim", İlgi Yayıncılık, İstanbul, 1989.
- DIAMOND, John, "Bedenimiz Yalan Söylemez", Dharma Yayınları, İstanbul, 1995.
- EUXPERY, Saint de, "Küçük Prens", Oda Yayınları, İstanbul, 1998.
- GOODIER, Steve, "Joy Along The Way", Life Support System Publishing, Utah, 2000.
- HERBERT, Frank, "Dune: Çöl Gezegeni", Sarmal Yayınları, İstanbul, 1997.
- İZGÖREN, Ahmet Şerif, "İş Yaşamında 100 Kanguru", Elma Yayınevi, Ankara, 1999.
- İNCİL, Korintoslular, Bap 13.
- MAUROIS, André, "Yaşamak Sanatı", Kanaat Yayınları, İstanbul, 1958.
- REVELL, Jane ve NORMAN, Susan, "In Your Hands NLP in ELT", Saffire Press, London, 1997.
- RODARİ, Gianni, Çeviren: Ayşen Onaran, Edebiyat Çeviri Dergisi. Bursa TÖMER Yayınları, Bursa, 1994.
- SEKMAN, Mümin, "Kişisel Ataleti Yenmek", Alfa Yayınları, İstanbul, Ekim 2001.
- SİNANOĞLU, Oktay, "'Bye-Bye' Türkçe", Otopsi Yayınları, İstanbul, Şubat 2002.
- VAROL, Metin, "Zerdüşt 'Yaşamak İstiyorum' Dedi", Elma Yayınevi, Ankara, 2002.
- www.balcanet.com.tr

YAZARIN SEMİNER VERDİĞİ KURUMLARDAN BAZILARI

11. Hava Ulaştırma Komutanlığı, Abalıoğlu Holding, Adana Ticaret Odası, Adnan Menderes Üniversitesi Dekanlığı, Adnan Menderes Üniversitesi Tıp Fak., Adnan Menderes Üniversitesi, AGT Antalya, AIESEC, AKP, AKP Kadın Kolları, Akdemir Grup, Aksigorta, Alke Turizm, Almanya Westfalia, Amerikan Koleji, Amway, Ankara Emniyet Genel Müdürlüğü Asayiş Organize Suçlar, Ankara Emniyet Müdürlüğü, Ankara Emniyet Müdürlüğü İstihbarat Dairesi, Ankara Emniyet Müdürlüğü İstihbarat Okulu, Ankara Emniyet Müdürlüğü Terörle Mücadele Daire Başkanlığı, Ankara Emniyet Müdürlüğü Terörle Mücadele Merkezi, Ankara Üniversitesi Dil ve Tarih-Coğrafya Fak., Ankara Üniversitesi Diş Hekimliği Fak., Ankara Üniversitesi İletişim Fak., Ankaray, Antalya Emniyet Müdürlüğü, Antalya Rehber Öğr. Fed., Atatürkçü Düşünce Derneği, Atılım Üniversitesi, Aviva Emeklilik, Aydın Rotary Klb., Balıkesir Emniyet Müdürüğü, Balıkesir Üniversitesi, Bartın Emniyet Müdürlüğü, Başarı Elektronik, Başkent Üniversitesi, BDDK, Beğendik, Belek Rotary Rayla, Bergama Belediyesi, BİFA, Bilintur, Bilkent Kariyer Günleri, Bilkent Otel, Bilkent Üniversitesi, Bilkent Üniversitesi C.O.T.E, Bilkent Üniversitesi Kariyer Topl., Bilkent Üniversitesi Turizm Yük., Birleşmiş Milletler, Botaş, British Council, BTC, Büyük Kolej, Canerler, Canpa, Cebeci Sağlık Yük., Ceceli Koleji, Celal Bayar Üniversitesi, Celal Bayar Üniversitesi Tıp Fak., Cinemax, Coca Cola İçecek AŞ, Cumhurbaşkanlığı, Çağdaş Marketler Zinciri, Çağdaş Yaşamı Destekleme Der., Çankaya Lisesi, Çankaya Rotary, Çankaya Üniversitesi, Dedeman Otelleri, Deniz Kuvvetleri, De-

nizli AIESEC, Denizli Rotaract, Dentaş, Devlet Planlama Teşkilatı, Devlet Tiyatroları, Diş Hekimleri Odası, Dokuz Eylül Üniversitesi, Dokuz Eylül Üniversitesi İşlt Klb., Drogsan, Düzce Ticaret Odası, DYP, Eczacıbaşı Holding, Eczacılar Birliği, Efes Pilsen, Ege Genç İş Adamları Derneği (EGİAD), Ege Grup, Ege Üniversitesi Hemşirelik Yük., Ege Üniversitesi Gateway Topl., Ege Üniversitesi Meslek Yük., Ego Genel Müdürlüğü, Erdemir, Erken Başarı Koleji, Eskişehir AKP Gençlik Kolları, Fatih Üniversitesi, Fruko, Funika, GAP İdaresi Başk., GATA Tıp Fak., Gazi Üniversitesi Diş Hekimliği, Gazi Üniversitesi İletişim Fak., Gazi Üniversitesi Tıp Fak., Gazi Üniversitesi Endüstri Topl., Gelişim Platformu, Genç İş Adamları Der., Glaxosmithkline, Gölcük Donanma, G-Tech, Gümrük Müsteşarlığı, Hacettepe Üniversitesi Mezunlar Der., Hacettepe Üniversitesi Tıp Fak. İç Hastalıklar Bölümü, Hacettepe Üniversitesi İşletme Topluluğu, Hacettepe Üniversitesi Hemşirelik Yük., Halk Bankası, Harita Genel K., Harp Akademileri (TSK), Hava Kuvvetleri Kütahya Er Eğitim Okulu, Hazine Müsteşarlığı, Hazine Uzmanları Der., Hedef Ecza Deposu, Herbalife, Hızıroğlu Holding, Hilton Otelleri, Hugo Boss, Hürriyet Gazetesi, İ.K. Türkiye Buluşması, İDE, İnged, İnsanlık Güneşi Vakfı, International E.R.I.C Conference, İsdemir, İstanbul Karalisan Okulu, İstanbul Nato, İstikbal Grubu, İzmir Etkin İnsan, İzmir J.C., İzmir Kalder, İzmir Ulaştırma Okulu, Jaycees, Jumbo, Kale Kalıp, Kara Harp Okulu, Kara Kuvvetleri K., Karamürsel Deniz Eğitim Öğrt. K., Karşıyaka Lisesi, Katılım Bankaları, Kayseri Kosgeb, Kayseri Şeker Fabrikası, Kıbrıs Doğu Akdeniz Üniversitesi, Kırıkkale Üniversitesi, KOSGEB, Kuşadası Rotary, Kuzey Danışmanlık, Kügiad, Kültür ve Turizm Bakanlığı Kütüphaneler ve Yayınlar Genel Müdürlüğü, LG Viesman, Man AŞ, Managing The Managers Conference, Manisa Demirci Belediyesi, MEB Kız Teknik Öğrt., Merkez

Bankası, Mersin Ticaret Odası, Mesa Mesken, Metesan, Metiş Holding, Microsoft, Migros, Millî Eğitim Bakanlığı Özel Kurslar Genel Müdürlüğü, Millî Eğitim Müdürlüğü, Millî Kütüphane, MKE, MTA, Müsiad, Nevşehir AKP İl Başkanlığı, Nicholas İnşaat, Nilüfer Koleji, Northampton Üniversitesi, ODTÜ Koleji, ODTÜ KPM Merkezi, ODTÜ Siyasal Bilimler Fak., ODTÜ TUP Kongresi, Oran Sevgi Yılı Halk Kütüphanesi, Organize Suçlar ve Kaçakçılıkla Mücadele Başkanlığı, Ostim İdaresi Başkanlığı, Oyak Genel Müdürlüğü, Özel Amerikan Lisesi, Özel Babaoğlu Koleji, Özel Çağrı Lisesi, Pamukkale Üniversitesi, Pankobirlik Perakendecilik Konferansı, Pastels, Pepsi, Peugeot, Philips, Polis Akademisi, Polis Koleji, Rüştü İnal Polis Okulu, Sağlık Bakanlığı, Sahra AŞ, Siemens, Sincan İlköğretim Okulu, Sivas Cumhuriyet Üniversitesi, Sivas Ticaret Odası, Söke Rotary, Söktaş, STM, Suteks AŞ, T.C. GAP İdaresi, Tekin Acar, Tepe Grubu, Tepe Home, TOBB, TODAİ, Toplu Konut İdaresi, Toyota, TPAO, TRT, Tuna AŞ, Tügsaş, Türk-Amerikan Derneği, Türk Bankası, Türk-İngiliz Kültür Derneği, Türk Müşavir Mühendisler ve Mimarlar Birliği, Türk Silahlı Kuvvetleri EDOK (Eğitim ve Doktrin Komutanlığı), Türk Tabipler Birliği, Türkiye Dermatoloji Kongresi, Türkiye İKY Zirvesi Academy, Türkiye İşletme Toplulukları, Türkiye Patoloji Grubu, Türkiye Petrol Mühendisleri, Tüyap, Tüyap Bursa, Uludağ Üniversitesi, Uludağ Üniversitesi Eğitim Fak., Uprs, Urfa GAP Bölge Kalkınma Dairesi, Üzümcü, Vakıf Emeklilik, Yakupoğlu, Yamanlar Koleji, YTP, Yimpaş, Yön AŞ, Zed Turizm, Ziraat Bankası, Zorlu Holding.

"Tüm bildiklerimiz başkalarından öğrendiklerimizdir.

Bu kitabı yazarken sizlerden çok şey öğrendim.

Teşekkür ederim."

Ayşe Yılmaz, Ali Ayrancı, Ayfer Karaca, Ahmet Parla, Ayşe Sönmez, Aslı İşmen, Ali Rıza Oktay, Ali Kuyumcu, Ayşen Özkan, Adnan Sağlam, Ali Ecevit, Ahmet Mekin, Ahmet Nacar, Ayhan Yazıcı, Aydın Uyanık, Ahmet Ürey, Atilla Şahin, Ayhan Filazi, A.Rıza Öztoprak, Atilla Ayvalı, Atalay Kibaroğlu, Ahmet İzgören, Aslı Tarakçıoğlu, Aydın Tunaboylu, Ali Özen, Ayşenur Güvenir, Atilla Okumuş, Ahmet Nacar, Ayşen Onaran, Aytaç Balamir, Adalet Ağaoğlu, Ateş Uzundemir, Atilla Perçin, Ayhan Akengin, Atilla Dorsay, Ahmet Ergüneş, Ahmet Şakar, Ali Demireğen, Ahmet Bostancı, Aynur Gürata, Akif Sayın, Alperen Doğan, Alper Barış, Bahar Ulusoğlu Darn, Beycan Şahin, Belin Güney, Bekir Uluer, Berna Civan, Bülent Okutucu, Bora Özkula, Banu Akın, Burçin Büyükönal, Barış Gümüşbaş, Berna Mutlu, Birten Gökyay, Cumhur Demirdağ, Cemal Duran, Çiçek Uluer, Tanset-Çiğdem Özege, Cihan Büyükışık, Cemil Başo, Can Demirci, Cezmi Güler, Cihan Akçaboy, Cemal Ekinci, Erdoğan Yeğen, Deniz Öztekin, Deniz Özbeyli, Deniz Zeyrek, Erkut Tanrıseven, Erhan Kara, Emel Mutlu, Erhan-Özlem Özallı, Alp Damat, Ercan Mersin, Elif Çintuğlu, Emel Erdoğan, Erdoğan İzgören, Ertan Karapirinler, Ender Kakıcı, Erol-Semra Atmar, Emine Onat, Ertan Çiftdoğan, Ercan Abbasoğlu, Erkan Önal, Emel Çelikkanat, Emel Baştürk, Enis Karslıoğlu, Engin İnal, Engin Orhan, Erbay Avşar, Erdoğan Vatansever, Ender Kakıcı, Füsun Beyazkılıç, Faruk Cimbar, Fahrettin Öncel, Fatma Gürer, Füsun Konyalı, Fikret Mulhan, Filiz-Murat-Zeynep Etiz, Ferhat Güngör, Feride-Necmettin Mehmetoğlu, Faruk Akbaş, Fatih Akdamar, Füsun Şahin, Güray Burgun, Gaye Çarmıklı, Güray İlköz, Gül Polat, Göksel Göçer, Güzin Batı, Günay Kuşçuoğlu, Gökhan, Gürkan-Handan Doğan, Gül Tanrıseven, Gonca-Raci, Gülfem Aslan, Hakan Akın, Handan Büyükaksar, Hakan Yaman, Hasan-Behiye, Hande Erdoğan, Hami Sıcakkan, Hülya Özer, Hakan-Sevim Akman, Hakan Uluer, Ali Osman-Hakan Kocabaş, Hüseyin Kökten, Hakan-Özlem Arslantürk, Hülya Ergüç, Halis Ruhi Ekingen, Hakan Ersöz, Hasan Babür Leşkeri, Hasan Kaplan, Hüseyin Ali Çam, İsmail Haskara, İdris Alhanlıoğlu, İlker Gülüm, İrfan Kaya, İdil Demir, İsmail İğdeli, İclal Ergenç, İsmail Karpuzcu, İlknur Akıntürk, İsmail Boztaş, İrfan Karagöz, İbrahim Avcı, İsmail Üstel, Kemal Suyalçınkaya, Kamil Süral, Kemal Arıkan, Kadir Çiçek, Kürşat Özkan, Koray Toy, Levent Bedir, Lütfiye Oktar, Mehmet Özaksu, Murat Özüdoğru, Meryem Ağca, Mühsin Önal, Mehmet Vatandaşlar, Metin Altun, Müjdat-Şenay Sönmez, Mahmut-Şule Akça, Müzekka Damgacıoğlu, Mehmet İzgören, Mustafa Acar, Mehmet Dadak, Meltem Kutay, M. Culum Örten, Mahir Özmen, Mustafa Uçak, Mehmet Güllü, Mahmut Toprak, Mustafa Erdoğan, Mustafa-Zeliha Eser, Müge Kibaroğlu, Mete Özel, Mustafa Baştürk, Melih Cevdet Anday, Mine İşgüven, Mustafa Durak, Dr. Mustafa Bakar, Mine Engin Tekay, Mustafa Uçar, Mehmet Terzi, Mehmet Kılıç, Mehmet Sepetoğlu, Mustafa Liman, Mustafa Karpuzcu, M.Emin Sevi, Mustafa Kemal Elmas, Metin Berke, Muhsin Köşger, Merve Baykara, Mumin Tozan, Murat Taştan, Nuray Eryiğit, Nail Vural, Nusret Tekmen, Nejat Töngür, Nuri Özdil, Nurten Kızal, Nurşen Günaydın, Necmiye Ergüneş, Nejat Ercan, Nazik Erik, Muzaffer Tokmak, Ayça, Burcu, Feray Duran, Necmettin Kaya, Neriman Uğur, Nasuh Mahruki, Necip Yılmaz, Nükte Öcal, Naile Kemal, Naim Dilek, Nadir Kılıç, Nevzat Adil, Nüzhet Akın, Nebi Gül, Necdet Ergin, Osman Tanrıseven, Osman Turan, Hakan Balcı, Rıza Kaçamak, Olcay Özgen, Öner Göv, Osman Barışık, Oguz Seçkinay, Olcay Sain, Oğuz Güzel, Özlem Rençber, Ömer Tamer, Orbay Bölek, Olgun Dönmez, Özcan Kutay, Önder Helvacıoğlu, Özgür-Özlem Çavlışoğlu, Oktay Altun, Ömer Ercan, Perihan-Ferhan Saylıman, Raşit Özen, Reha Süha Çimen, Rıza Aydın, Recep Can Şen, Prof. Refik Osmanoğlu, Rabia Dokumacı, Rahime Balık, Recai Recep, Dr. Raşit Ercan, Reşit Dinçer, Serpil Yıkılmaz, Serpil Demirci, Sinan Batır, Selçuk Mutlu, Sanem-Uğur, Sevinç Özcan, Sevim Aktaş, Semih Sergen, Şükrü Karaca, Şinasi Havuz, Şenol Çakır, Şemsa Yeğin, Ahmet Ecevit, Şenol Kurubal, Şinasi Şentürk, Şahin İpek, Şemsi Tanrıseven, Şakir Şentürk, Talat Saygılı, Tolga-Ayşe Kutlu, Seval Çetin, Sadık Ağca, Tansel Şahin, Tuğba Nisan, Turgut Ecevit, Turan Öztürk, Ümit İzgören, Ümit Söylemez, Ülkü Canıtez, Ülkü Ercan, Uğur Dedeoğlu, Uğur Hakan Kocatürk, Uğur Şerif Peker, Ünal Çelik, Vildan Şengüler, Mutlu-Yılmaz-Ülker Turhan, Vural Okur, Vahap Katkat, Vedat Kahraman, Yılmaz Yalçın, Yücel Tanyürek, Yücel Ercan, Yusuf Oğuzoğlu, Yılmaz Ölçen, Vicdan Erkır, Zinnur Barışık, Zehra Doğan, Prof. Zeki Palalı, Zerrin Barışık, Zülfiye Özdemir, Zafer Erbaşlar, Özden Aslan, Ömer Koca, Ati-Arzu, Efe-Ege Eğe, Adnan Özdemir, Ali Sevinç, Ertuğrul Köker, Nazlı, Binnaz, Bengül, Koray, Kemal, Suna, Yavuz, Mehmet, Şenay, Remzi, Melek, Davut, Thresa Doğuelli, Abdullah, Önder Aytaç, Deniz, Koray, Suat, Kürşat, Gökhan, Nurullah Akbay, Ahmet Eryiğit, Esin, Elif, Hakan, Ayşegül-Alptekin, Anna Lia, Ann, Prof. Ahmet Kocaman, Hakan, Viv Sloan, Paul Brown, Stuart Gray, Caroline Stanford, Sezer Sönmez, Ali Özkara, Rekin Çalı, Arif Şahin, Süleyman Yolcu, Esra Demircioğlu, Belkiye Kadir, Rüya Arslan, Nesrin Gülcemal, Devletşah, Tural, Ceren, Hande Mutlu, Kadir, Defne Yazıcıoğlu, Gülhan Berkman, Ercan Üdül, Deniz Yılankaya, Dr. Necdet, Meltem Ferendeci, Elif-Ensar-Kevser Kutay, Gevher Akçaboy, Burak, Talha, Ahmet Ergüneş,

Necmiye, Aslı, Muhittin-Müzeyyen Ergüneş, Saime İzgören, Nedret, Hayati, Emre, Enes, Gülsev, Cem, Simon Denny, Mike West, Leyla Üstel, Akif Sayın, Fahri Öz, Elif Garipağaoğlu, Turhan Bozkurt, Bensu, Gülten, Ayhan Şaylıman, Yıldız Öztürk, Arzu Çalgüner, Cihat Eryılmaz, Nilüfer İnce, Neva, Melih Ercen, Ahmet Kule, Veli Yıldız, Nuri Öztürk, Mehmet Alkan, Nurten Ceceli Alkan, Yaprak Özer, Mine Kılıç, Erdal, Yasemin, Pınar, Batuhan, Ersin Asarkaya, Elif Özbaykal, Mustafa Deniz, Ömer Kaya, Ümit Seyitoğlu, Ömer, Seda Barışık, Müge Cicioğlu, Cem Arpacı, Şefkat, Müge, Orhan Kuyumcu, Sibel İğdeli, Cemil Doğan, Fatma Er, Hatice, İbrahim, Şadiye Yurdabak, Gökçen Kayınova, Serhat Bilim, Murat Toktamışoğlu, Cengiz Alkış, Bahar Ulusoğlu Darn, Mustafa Tanyeri, Uğur, Ümit Çıkrıkçı, Fulya Alagöz, Kaan Aral, Savaş Ceylan, Şerif Saraoğlu, Dursun Yaşa, Celal, Erkal Sahtiyancı, Erhan Algan, Ersoy Özgür, Önder Aytaç, Melih Derneli, Uğur, Hacer, Sibel, İhsan Boyvoda, Hülya-Egemen Havuz, Mine Kılıç, Tijen Eren, Türkan, Tülay, Serap, Tamer, Suna Coşkun, Ayça Diktaş, Gülfem Tandoğan, Ömer Burak, Ömer Koca, Ali Öztürk, Şerafettin Genç, Ethem Uludağ, Hayri Uğur, Tahir Boran, Yahya Güler, Avni Erdoğan, Haldun Aydın, Yalçın Tanoğlu, Ramazan Emre, Kazım Usta, M.Nazım Eroğlu, Mücahit Yanılmaz, Mr. Knobelsdorf, Reha Denemeç, Asuman Selçuk, Sema, Emel, Pelin, DPT'li tüm dostlar, Mahir Ersöz, Nuri Ateş, Hasan Alsancak, Veli Yıldız, Şükrü Çukurlu, Erdoğan Sakal, Hüseyin Duran, M.Emin Yıldırır, Faruk Ünsal, Ercan Taştekin, Prof.Dr. Peyami Cinas, Hande Yeşilbaş, Selin Bilensoy, Müge Cantekin, Baha Pak, Elif İnkaya, Ahmet Acuner, Oğuz Aslan, Gaye Dinçel, Hakan Mermicioğlu, Gül Solak, S. Umut Sav, Tuğce Tunç, Zeynep Günday, Emrah Günday, Faruk Yarman, Burcu Sel, Bora, Lâl, Melis, Efe, Nisan ve Sîmin.

"Başkalarının bilgileriyle bilgili olabilirsiniz; ama sadece kendi aklınızla akıllı olabilirsiniz."

Montaigne

"Tamam, anladık."

Şerif

Ahmet Şerif İzgören Kitapları

DİKKAT VÜCUDUNUZ KONUŞUYOR

İnsanların beden dili birçok ipucu veriyor. İstiyorum ki gençler sizin mesajlarınızı alsınlar. Sizin için "ilim ve bilim çeşmesi" sıfatı az gelir.

İshak Alaton

Alarko Holding Yönetim Kurulu Başkanı

İş ve Yönetim Serisi-2, 224 Sayfa, 36. Basım, Mart 2007.

ŞU HORTUMLU DÜNYADA FİL YALNIZ BİR HAYVANDIR

36 saat içinde kitabınızı iki kere okudum. Okurken sürekli gözlerim doluyordu. Kitabı ikinci kez okuyuşumda hayatımla ilgili radikal kararlar aldım. Sayenizde hayatımın en keyifli otobüs yolculuğunu yaptım.

İlknur İşçi

Alternatif Eğitim Danışmanlık Hizmetleri Eğitim Müdürü

Kişisel Gelişim Serisi-3, 276 Sayfa, 28. Basım, Mayıs 2007.

AVUCUNUZDAKİ KELEBEK

Sizi temin ederim, hayatımda iş dünyası ve iletişim üzerine okuduğum hiçbir eser bende bu kadar etki bırakmadı.

Çağlayan Babacan

İstek Özel Uluğbey Lisesi Türk Dili ve Edebiyatı Öğretmeni

Kişisel Gelişim Serisi-5, 128 sayfa, 23. Basım, Mayıs 2007.

İŞ YAŞAMINDA 100 KANGURU

Şerif İzgören'in başına geçtiği kurumlarda gerçekleştirdiği mucizeleri bilen biri olduğum için kitabın satır aralarını bile değerlendirmeye çalıştım. İş yaşamıyla ilgili çok değerli bir başucu kitabı.

Atilla Okumuş

Jumbo A. Ş. Genel Müdürü

İş ve Yönetim Serisi-3, 280 sayfa, 19. Basım, Ocak 2007.

GELECEĞİN ORGANİZASYONUNU YARATMAK

Böylesine teknik bir kitabı, okuyucuya bu kadar gülümseterek sunmanız çok etkileyici. Tüm kitaplarınızı okumuş biri olarak içtenlikle tebrik ediyorum.

Tural Sarıkaya

Bilgi İşlem Sistemleri Danışmanı

İş ve Yönetim Serisi-9, 256 sayfa, 7. Basım, Aralık 2006.

SARI SİYAH

Bu kadar ilginç bir öykü okumamıştım. Kitabı böylesine etkili ve sürükleyici kılan, bence, yazarlarımızın üslubu. Tüm arkadaşlarıma tavsiye ediyorum.

Nebi Atılgan

Anı Serisi-5, 287 sayfa, 2. Basım, Haziran 2005.

www.izgoren.com

Eserlerimiz

İŞ VE YÖNETİM SERİSİ

- YENİ İŞİM DIŞ TİCARET / Hakan Akın
- DİKKAT VÜCUDUNUZ KONUŞUYOR / Ahmet Şerif İzgören
- İŞ YAŞAMINDA 100 KANGURU / Ahmet Şerif İzgören
- MILITARY TERMS AND ABBREVIATIONS / Faruk Cimbar
- TİMUR VE TÜZÜKATI / Şerafettin Ali
- 12 SAATTE MBA PROGRAMI / Milo Sobel
- HONDA YÖNETİM KİTABI / Setsuo Mito
- HALA YERİNDE SAYAN ŞİRKETLER / İsmail Üstel
- TAKIM ÇALIŞMASI TEKNİKLERİ / Murat Dengiz
- GELECEĞİN ORGANİZASYONUNU YARATMAK / Ahmet Şerif İzgören
- YENİLİĞİN 3M YOLU / Ernest Gundling
- İNSAN KAYNAKLARI YÖNETİMİ / Canan Ergin
- EĞİTİMDE TOPLAM KALİTE YÖNETİMİ / Elife Doğan
- FİNANSÇI OLMAYANLAR İÇİN FİNANS / Hakan Özerol
- SPK SINAVINA HAZIRLIK SORU BANKASI / Hakan Özerol
- EYVAH PARAM VAR! / Hakan Özerol
- MOR İNEK / Seth Godin
- İLETİŞİMDE İLETİŞİM / Almila Dalkılıç
- DIŞ TİCARETTE ALTERNATİF PARA KAZANMA YOLLARI / Hakan Akın
- LİDERLİK / Bahtiyar Türker
- İNTERNETTE İŞ BULMA REHBERİ / Artemiz Güler
- KÂR OYUNU / Sancar Tanışman
- ULUSLARARASI MÜZAKERE / Frank L. Acuff
- DÜŞ SATMAK / Mehmet Çağan
- PARAŞÜTÜNÜZ NE RENK? / Richard N. Bolles
- HAMİLİ KİTAP YAKINIMDIR / Hakan Yaman
- BÜTÜN PAZARLAMACILAR YALANCIDIR / Seth Godin
- EŞİKALTI BÜYÜCÜLERİ / Ahmet Şerif İzgören
- BİR İNSAN KAYNAKLARI MASALI / Özden Aslan

bilginin ışığı

Bizler gönüllü üniversite öğrencileriyiz. Bireylerimizde azalmaya başlayan dürüstlük, girişimcilik ve yurt sevgisi değerlerini canlandırmak için gönüllü kişisel gelişim seminerleri vermekteyiz.

Bu amaçla yola çıktığımız 28 Nisan 2004 tarihinden bu yana 36.000 kişiye ulaşmış olmanın mutluluğunu yaşıyoruz.

Cezaevlerinden halk eğitim merkezlerine, liselerden üniversitelere, çocuk esirgeme kurumlarından özel okullara kadar birçok yere gönüllü seminerler verdik, onlara bilginin ışığını ulaştırdık.

Bize destek veren gönüllülerimiz ile çıktığımız bu yolda, tüm heyecanımız, motivasyonumuz ve inancımızla,

Bilginin ışığını yaymaya geliyoruz...

TÜRKİYE UĞUR BÖCEKLERİ PROJESİ

SEMİNER VERDİĞİMİZ YERLER

31 Ağustos İlköğretim Okulu (Uşak)
Adnan Menderes Üniversitesi (Aydın)
AIESEC Pozland (Polonya)
Akçay İlköğretim Okulu (Antalya)
Akçay Kasabası (Antalya)
ANAÇEV (Ankara)
Anadolu Lisesi (Ayancık)
Anadolu Öğretmen Lisesi (Denizli)
Anıttepe Rotaract Kulübü (Ankara)
Anıttepe Rotary (Ankara)
Ankara Üniversitesi
Atatürk Çocuk Esirgeme Kurumu (Ankar
Atatürk Halk Kütüphanesi (Sinop)
Ayancık Atatürk Anadolu Lisesi (Sinop)
Ayancık Meslek Lisesi (Sinop)
Bahçelievler İlköğretim Okulu (Ankara)
Banaz ÇPML (Uşak)
Banaz Sağlık Meslek Lisesi (Uşak)
Başkent Üniversitesi (Ankara)
Bilkent Üniversitesi (Ankara)
Bilkent Üniversitesi (Ankara)
Bilkent üniversitesi İşletme (Ankara)
Buldan Ali Tutaboylu Anadolu L. (Deniz
Buldan Belediyesi Personeli (Denizli)
Bursa Anadolu Lisesi
Cebeci Sağlık Yüksek Okulu (Ankara)
Cumhuriyet İlköğretim Okulu (Uşak)
Cumhuriyet Üniversitesi (Sivas)
Çağdaş Yaşamı Destekleme Der. (Ankara
Çankaya Lisesi (Ankara)
Çankaya Üniversitesi (Ankara)
Çocuk Esirgeme Kurumu (Antalya)
Çukurova Üniversitesi (Adana)
Demirci Belediyesi-Halk Eğt. Mkz. (Man
Dikmen Gençlik Eğitim Merkezi (Ankara
Dikmen gençlik Merkezi (Ankara)
Dikmen SHÇEK (Ankara)
Doğu Akdeniz Üniversitesi (KKTC)
Doruk Dersanesi/(Adana)
Dutlnca Köyü İ.Ö. Okulu (Gazi Antep)
Düzce Ticaret Odası (Bolu)
Eskişehir Gençlik Kampı
Final Dersanesi (Ankara)
Final Dersanesi (Sinop)
Final dersanesi (Nevşehir)
G.Ü Hemşirelik Yüksek Okulu (Ankara)
G.Ü Tıp fakültesi (Ankara)
G.Ü. Toplum Gönüllüleri (Ankara)
GATA Hemşirelik
Gazi Toplum Gönüllüleri/GUDAK (Ank
Gazi Üniversitesi (Ankara)
Gazi Üniversitesi Tıp Fakültesi (Ankara)
Golden Akdeniz Dersanesi (Ankara)
Gölhisar Lisesi (Burdur)
H.Ü Hemşirelik (Ankara)
H.Ü İşletme Kulübü (Ankara)

lacettepe Üniversitesi (Ankara)
edef Dershanesi (Elmalı-Antalya)
kilip Belediye Binası (Çorum)
kilip Spor Kulübü (Çorum)
adıköy Aile Danışma Merkezi (İstanbul)
ayseri Kız Yetiştirme Yurdu (Kayseri)
ırıkkale Üniversitesi (Kırıkkale)
zılcasöğüt ÇPL (Uşak)
zılcasöğüt İlköğretim Okulu (Uşak)
onak İlköğretim Okulu (Burdur-Gölhisar)
osgeb (Kayseri)
ahire Eynel İlköğretim Okulu (Uşak)
AKÜ GMYO (Burdur)
avikent İlköğretim Okulu (Isparta)
ehmet Makbule Erdem İlk Öğretim Okulu (Uşak)
EV Özel Ankara Okulları
innetler Köyü İlköğretim Okulu (Manisa)
ustafa Marangoz İ.Ö. Okulu (Gazi Antep)
amık Kemal İlköğretim Okulu (Ankara)
ITÜ TUP Kongresi (Ankara)
an Sevgi Yılı Halk Kütüphanesi (Ankara)
el Bilkent Koleji (Ankara)
beröğr.Federasyonu (Antalya)
iye Dersanesi (İstanbul)
ÇEK (Adana)
ÇEK (Kahramanmaraş)
ÇEK Seyranbağları Kız Yetiştirme Yurdu
op Yetiştirme Yurdu
akta Çalışan Çocuklar Eğitim Merkezi (Ankara)
it Necati Sargın Anadolu Lisesi (Uşak)
it Sadık Kozak YİBO (Uşak)
it Vehbi Demir İlköğretim Okulu (Uşak)
itler İlköğretim Okulu (Uşak)
GV (Ankara)
hane Ç.P.L (Bursa)
izm ve Kültür Bakanlığı (Ankara)
kiye Sakatlar Konfederasyonu (Ankara)
yap (İstanbul)
r Dersaneleri (İskenderun)
dağ Üniversitesi (Bursa)
gil Meslek Lisesi (Kayaş)
üp Belediyesi (Nevşehir)
i Sistem Dersanesi (Aydın)
az Teknik Üniversitesi (İstanbul)
afca İlköğretim Okulu (Burdur)

Günümüz Türkiyesinde belki de en eksik olan konulara değinildiğini düşünüyorum.

Ramazan ORAL
İskilipspor

Akşam eve gittiğimde ben ne olacağım diye düşüneceğim. Okula gelen kitapların hepsini de okuyacağım.

Mustafa ÇELİK
Minnetler Köyü İ.Ö.O.

İnsan olarak hayatımızı hayat yapan değerleri bize hatırlattığı için teşekkürler.

Yakup DURMAZ
Dumlupınar Üniversitesi
(Kütahya)

Geleceğe karşı bizi umutlandırdığınız için çok teşekkür ederim.

Mustafa KORKMAZ
Hedef Dersanesi
(ANKARA)

Bazen küçük bir gülümsemenin bile mucizeler yaratacağını öğrendim. İnsanları dış görünüşüne göre değerlendirmemeyi ve hayatla mücadele etmenin önemini öğrendim.

Pembe Yağmur UÇUM
Adana SHÇEK

[illegible]

Neşet SEBE
Hatay
(Uğur Dersanesi)

Atatürk Bulvarı Bulvar Palas A Blok No:141/[illegible]
06640 Bakanlıklar ANKARA
Tel: [illegible]
Fax: [illegible]

www.ugurbocekleri.org
bilgi@ugurbocekleri.org

"Katkılarından Dolayı Teşekkür Ederiz."

İzgören akın

ELMA

AIESEC

Kişisel Gelişim, Bilgi ve Yaratıcılık Portalı

www.izgoren.com

gobo - İstanbul 04-01-2005

Öncelikle böyle bir site ve düşünce yapısı çevresinde biraraya gelmek çok güzel, çok değerli arakadaşlarla fikir alışverişi yapacagıma inanıyorum.

ezgi cestepe - Ankara 02-01-2005

Birinci olanlar insanları arkalarında bırakırlar, Bir İnci olanlar insanları etrafına toplarlar!

Filiz - Ankara 28-10-2004

Bu sayfada izgören Hoca'nın okurları ile paylaşımları çok güzel. "ben normalmişim", "bu da yaşanır mı?,"bu olur mu?" gibi sorulara yanıtlarımı çok içten bir dille bulabildigim ve insani duyguların önem derecesinin yüksek oluşunun vurgulanarak anlatıldığı tüm yayınlar, yaşama daha sıkı sarılabilme gücü verip ciddi bir başucu hatta el kitabı niteliğinde terapistim oldu. Aklınıza ve yüreğinize sağlık sevgili Ahmet Şerif İzgören.

Bir akvaryuma büyük bir balık koyarlar; akvaryumun diğer tarafına yiyebileceği küçük balıklar, araya da cam bir bölme. Balık diğerlerini yemek için saldırdıkça cama çarpar, bir süre sonra diğer tarafa geçme çabasını bırakır. Aradaki bölmeyi kaldırırlar ama balık öteki bölmeye geçmeyi denemez bile, açlıktan ölür.

Buna psikolojide "öğrenilmiş çaresizlik" denir.

Tüm eğitim sistemimiz bunun üzerine kurulmuş durumda... Gencecik beyinlere çaresizliği, kıpırdamadan hareketsiz beklemeyi öğretiyoruz. Bu site benim özgeçmişimi yayınlamak, nasıl önemli biri olduğumu anlatmak için hazırlanmadı. Toplumun kişisel gelişimine katkıda bulunmak için hazırlandı.

ahmet şerif izgören

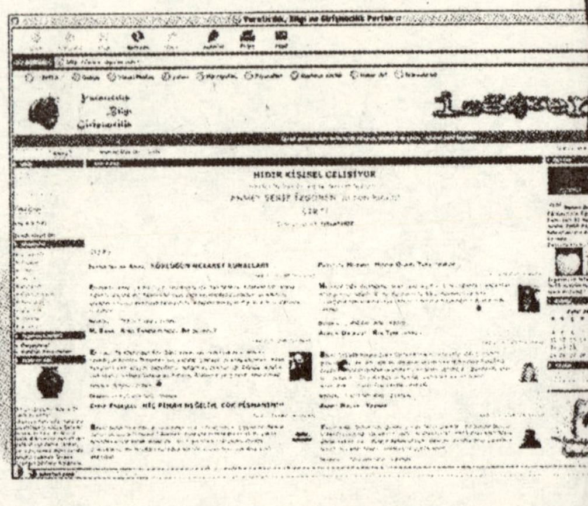

kişisel gelişim, bilgi ve yaratıcılı